Mente
Criminal

GILBERTO CHAMBA

EL MONSTRUO DE MACHALA

AMERICAN
BOOK GROUP

INNOVANT PUBLISHING
SC Trade Center: Av. de Les Corts Catalanes 5-7
08174, Sant Cugat del Vallès, Barcelona, España
© 2026, Innovant Publishing SLU
© 2026, TRIALTEA USA, L.C. d.b.a. AMERICAN BOOK GROUP

Director general: Xavier Ferreres
Director editorial: Pablo Montañez
Director de producción: Xavier Clos

Colaboran en la realización de esta obra colectiva:
Directora de márqueting: Núria Franquesa
Project Manager: Anne de Premonville
Office Assistant: Marina Bernshteyn
Director de arte: Oriol Figueras
Diseño y maquetación: Roger Prior
Edición gráfica: Emma Lladó
Coordinación y edición: Adriana Narváez
Seguimiento de autor: Eduardo Blanco
Redacción: María Espósito
Corrección: Olga Gallego García
Créditos fotográficos: ©Album/Rue des Archives/Bridgeman
Images, Catalunya Diari, Onda Cero, Kasarp Studio, LleidaDiari.
cat, segre.com. ©Creative Commons Attribution Share Alike (CC
BY-SA).

ISBN: 9781681659039
Library of Congress: 2021946810

Impreso en Estados Unidos de América
Printed in the United States

Índice

Capítulo 1

LA NOCHE FATAL

> «¡Mis queridos hermanos, no olvidéis nunca,
> cuando oigáis pregonar el progreso de las luces,
> que, de las trampas del diablo, la más lograda es
> persuadiros de que no existe!»
>
> CHARLES BAUDELAIRE, *El jugador generoso*.

La oscuridad cubre la ciudad de Lérida, en Cataluña, España, el 23 de noviembre de 2004. El invierno se acerca, la temperatura ha bajado al atardecer y la gente se cubre con abrigos mientras camina por las calles a paso apurado. El hombre, sin embargo, no parece sentir frío. Ha pasado unas horas de gran emoción y ahora está protegido dentro del aparcamiento donde trabaja, ubicado junto a los cines Lauren, muy cerca del campus de la Universidad de Lérida, en el barrio de Cappont. La iluminación de los tubos fluorescentes es tenue para el espacio oscuro y cerrado, y no se llega a distinguir bien su figura. Solo se puede ver a una persona delgada, no muy alta, con un pequeño bigote sobre un rostro algo alargado.

Vestido con uniforme de vigilador, da varios pasos hasta un coche blanco y cierra el maletero. Sus pisadas resuenan en la superficie de cemento, pero nadie las oye: algunos vehículos son los únicos testigos de sus movimientos. Ya es tarde, son pasadas las once de la noche, y quedan solo unos pocos espacios ocupados por los coches aparcados. Quizá, sus dueños estén terminando de ver una película o comiendo en un bar cercano. Lo cierto es que el hombre está solo, y se ha cerciorado bien de este hecho.

Enseguida sube al coche, inclina el asiento un poco hacia atrás y lo pone en marcha. Introduce un casete en el radio y sonríe suavemente cuando suena la música de su tierra. Con calma, sale del estacionamiento y conduce unas 20 manzanas hasta llegar al barrio La Bordeta. Sobre la calle Ignasi Bastús, a la altura del número 21, aparca prolijamente y apaga el motor. Vuelve su vista hacia el costado derecho y mira el bolso en el asiento del copiloto. Introduce su mano dentro y, entre carpetas y cuadernos, encuentra un teléfono móvil. Después de estudiarlo unos momentos, parece tomar una decisión y hace una llamada que demora seis minutos. Cuando corta, suspira y se sonríe. Echa un último vistazo al interior del vehículo, guarda el móvil en su bolsillo y sale del coche. Cierra la puerta con llave y se asegura de que todas las demás puertas también estén trabadas. Luego se dirige a la parte trasera y comprueba que el maletero esté bien cerrado. Lo roza su mano, como acariciándolo por unos segundos, se da vuelta y, finalmente, comienza a caminar. Lo hace con paso firme, recorriendo el camino que ya hizo con el coche, pero esta vez a pie. Las aceras, solitarias y algo oscuras le ven pasar rápidamente. El camino es bastante corto y no demora más de 15 minutos en llegar al aparcamiento, el mismo sitio del que salió hace poco más de media hora.

Todavía tiene tiempo de descansar unos minutos y recuperar el ritmo pausado de su respiración. Antes de las doce de la noche, sube hasta las oficinas de los cines, donde debe llevar a cabo las últimas tareas de su jornada laboral: entregar las llaves y hablar con su jefe por teléfono para reportarle las actividades realizadas. Al terminar, saluda a los empleados presentes. Se comporta de la misma manera que lo hace cada noche que le toca trabajar. Sigue la rutina paso a paso, aunque esta no ha sido una jornada cualquiera, sino un día muy particular, que quedará grabado en su memoria para siempre.

Capítulo 2

EL ASESINATO DE MARÍA ISABEL BASCUÑANA

> «La creencia en algún tipo de maldad sobrenatural no es necesaria. Los hombres por sí solos ya son capaces de cualquier maldad.»
>
> JOSEPH CONRAD, *Bajo la mirada de Occidente.*

Aquel 23 de noviembre de 2004, la Facultad de Derecho ubicada en el campus de la Universidad de Lérida, en Cappont, ya había encendido las luces. Aunque muchos alumnos todavía caminaban por los pasillos y las aulas, o salían de la biblioteca y los ascensores, a las diez de la noche las actividades estaban finalizando y pronto el edificio quedaría vacío.

María Isabel Bascuñana Royo, como el resto de sus compañeros, terminaba su día de estudio a esa hora y quería irse pronto a casa. Era una joven tranquila y alegre, la menor de tres hermanos, que disfrutaba de la carrera en la que cursaba el segundo año. Trabajaba medio tiempo en una tienda de informática que pertenecía a un pariente, pero no necesitaba particularmente el dinero; ya que venía de una familia acomodada que vivía en la prestigiosa zona residencial de La Cerdera, ubicada a medio camino entre Lérida y Alpicat. Desde allí llegaba cada tarde en su coche para cursar y solía regresar directamente. Aunque algunos días salía con amigos o con su novio:

había varios bares, restaurantes y algunos cines muy cerca de la facultad, en la zona llamada "Isla del Ocio" (Illa de l'Oci), un área típica de estudiantes que aprovechaban la cercanía para juntarse y relajarse allí después de clases. Siempre que esto sucedía Isabel llamaba a sus padres para avisarles dónde estaba y a qué hora pensaba regresar.

Pero esa noche no había hecho planes: estaba cansada y tenía hambre. Telefoneó a su madre cerca de las diez de la noche y le dijo que había terminado sus clases, pero que compraría un bocadillo antes de recoger el coche en el estacionamiento y regresar a casa. Detrás de la facultad había unas aceras donde muchos alumnos aparcaban sus vehículos, cerca de un oscuro descampado. Por esa razón, la mayoría de las chicas preferían dejar sus coches en el aparcamiento del centro de entretenimiento y de los cines Lauren, sobre todo, si debían recogerles por la noche. Isabel era una de ellas: una estudiante más, con su rutina de estudio, trabajo y salidas.

Sin embargo, esa noche no sería como otras. Su familia le esperaba tranquila en casa, pero cuando se hicieron más de las once de la noche y aún no había regresado, comenzaron a inquietarse. Uno de los hermanos llamó a su móvil alrededor de la medianoche y no obtuvo respuesta. Con el correr de las horas, la preocupación se transformó en verdadera desesperación.

Búsqueda frenética

En la mañana del 24 de noviembre, Isabel seguía sin aparecer. Parecía haberse esfumado en el aire. Sus familiares sabían que algo debía haberle sucedido y se acercaron a la comisaría para hacer la denuncia por su desaparición. Apenas terminaron el trámite, los hermanos y el padre de la joven comenzaron un recorrido por la zona cercana al campus universitario, en un intento angustiante por encontrarle. Los periodistas que cubrieron el caso cuentan que, incluso, entraron en algunas clases y hablaron con decenas de compañeros y conocidos de Isabel, pero nadie sabía nada.

Más tarde, recorrieron bares y cervecerías de la Isla del Ocio y llegaron hasta el aparcamiento donde Isabel solía dejar el coche. Estaba cerrado, pero se encontraron con un vigilador que no tenía ninguna información sobre la joven. Entablaron una conversación y el hombre —delgado, no muy alto, con un pequeño bigote en su cara algo alargada— les contó su propia experiencia: su hija, que se encontraba en Ecuador, también había desaparecido en una ocasión para irse con su novio, pero había regresado finalmente luego de unas semanas. Seguro que a ellos les sucedería algo parecido. Les deseó suerte y se despidió estrechándoles la mano.

El documental *Crims*, de TV3, entrevistó a Alba Calvet, una amiga y compañera de estudios de Isabel, quien relató que aquella mañana había recibido una llamada de la madre de la joven para preguntarle por ella. Isabel se había quedado varias veces durante la noche en el piso de Alba, que vivía cerca del campus, pero no había sido el caso de ese día y así se lo hizo saber. La joven se quedó tan preocupada que comenzó a recorrer los bares que frecuentaban, preguntando si la habían visto. Tampoco obtuvo resultado. Desde esos primeros momentos, Alba sintió que algo malo había sucedido, porque Isabel siempre se comunicaba con su familia para decirle dónde estaba.

Al mismo tiempo que su círculo cercano iniciaba esta intensa búsqueda, la información llegaba a las patrullas policiales. Los datos eran claros: una joven de tez blanca y cabello castaño claro, de 1,65 m de altura, había desaparecido la noche anterior. Varios móviles recorrieron las calles de Lérida, buscando tanto a Isabel como a su vehículo, un Nissan Sunny de color blanco.

Finalmente, fue la misma familia la que dio con los primeros datos importantes: alrededor de las diez de la noche, después de casi 24 horas sin ninguna noticia de Isabel, encontraron

María Isabel Bascuñana Royo, 21 años. Una chica tranquila y alegre de La Cerdera. Cursaba Derecho en la Universidad de Lérida, en Cappont. La noche del 23 de noviembre de 2004 fue violada y asesinada por Chamba, quien luego estacionó su Nissan Sunny blanco en la calle Bastús de La Bordeta. El cadáver de Isabel estaba en el maletero.

su coche aparcado en la calle Ignasi Bastús, del barrio de La Bordeta, a unos dos kilómetros y medio del campus universitario, un sitio alejado de las áreas donde solían aparcar los estudiantes. Se comunicaron inmediatamente con la comisaría y, al mismo tiempo que vecinos y curiosos se juntaban en el lugar, llegaron los *Mossos d'Esquadra* («Mozos de Escuadra»), la policía autonómica de Cataluña.

La agente Montse R., entrevistada para *Crims*, contó que junto con un sargento estuvieron entre los primeros en llegar. El coche de Isabel se veía en perfecto estado, aparcado correctamente y sin signos de una entrada forzada. Desde fuera, a través de los vidrios, pudieron ver que no había nadie dentro. Sobre el asiento del copiloto, divisaron un bolso con unas carpetas que sobresalían. La policía reflexionó sobre el objeto hallado: «Yo cuando vi esto, al principio ya me dio un poco de mala espina, porque pensé, como mujer, que nosotras no vamos a ningún lado sin el bolso».

Inmediatamente, un familiar regresó a la casa y volvió con las llaves del vehículo. El sargento presente abrió el maletero del coche, el único sitio que no habían podido revisar desde el exterior. Dentro, bajo unas bolsas negras plásticas de residuos, se hallaba el cadáver de María Isabel Bascuñana Royo, en posición fetal. Los policías cerraron rápidamente el maletero con la intención de preservar el lugar y las pruebas, y llamaron de forma urgente a la Unidad Territorial de Homicidios.

Sergi Mesalles, Jefe del Grupo Homicidios de la Unidad Regional de Investigación Criminal de Ponent, dio testimonio del nerviosismo reinante en el lugar diciendo que era un escenario donde había mucha gente y una tensión evidente. En los momentos que siguieron, llegaron a la escena los padres de la víctima y las autoridades les comunicaron la peor de las noticias. La agente, Montse R. también diría sobre esa noche: «Hubo un grito desgarrador de la madre, supongo que cuando le dijeron que habían encontrado el cuerpo de la chica y así le salió. Nunca me había encontrado con una situación así, la imagen de esta chica en el maletero del vehículo... cada vez que te vas a dormir la recuerdas. Y el grito de la madre también. Son cosas que te afectan mucho...».

Comenzaría así una carrera contra el tiempo: la policía tenía plena conciencia de que las primeras horas eran cruciales para encontrar al asesino de la joven. Necesitaban actuar con celeridad y la mayor eficacia. Sabían que de ellos dependía que la madre recibiera, al menos, una respuesta sobre qué le había ocurrido a Isabel. El responsable del crimen debía ser hallado rápidamente y llevado a la justicia para que aquella mujer pudiera tener un mínimo de paz.

Capítulo 3

UN RASTRO CALIENTE

«El infierno está vacío y todos
los demonios están aquí.»
WILLIAM SHAKESPEARE, *La Tempestad*.

Tras el trágico hallazgo, se iniciaron varias acciones, con el reloj corriendo inexorablemente para hallar al asesino: todas las agencias policiales coinciden en que las primeras 48 horas de cualquier investigación criminal son cruciales para un buen resultado. Durante esta etapa crítica, no solo es posible presumir que el o los asesinos todavía están cerca de la escena, sino que también se pueden encontrar testigos en el área, obtener testimonios fidedignos de lo sucedido, además de recolectar pruebas y evidencias con menor riesgo de contaminación.

En el caso de la muerte de Isabel, la presencia de los familiares en el sitio —lo que sin duda añadió dramatismo a la ya de por sí desoladora escena— implicó que se necesitara iniciar de forma inmediata la tarea de contención emocional. Desde el inicio se mantuvo una fluida comunicación entre las autoridades y los Bascuñana, lo que permitió que la familia brindara un soporte que resultó de importancia capital para la investigación.

Los agentes policiales contaron en principio con un vehículo y un cuerpo sin vida. Las primeras exploraciones del interior del coche solo mostraron el bolso de Isabel, con algunas carpetas y objetos personales dentro, pero faltaba su teléfono móvil. Enseguida los forenses comenzaron a trabajar en la búsqueda de huellas digitales. Al mismo tiempo, la observación inicial del cadáver aportó otros datos: mostró que la víctima, ubicada en el maletero del auto en posición fetal y cubierta con bolsas negras de basura, tenía la ropa mal puesta, con algunas prendas mal abrochadas y colocadas del revés. Según Sergi Mesalles, eso quería decir que probablemente la víctima habría sido desnudada y atacada sexualmente. El asesino debía haberle vestido nuevamente pero de forma incorrecta.

El mismo policía explicó que la localización del vehículo en el lugar, bien aparcado y con el cadáver en su interior, les llevó a pensar que los hechos no habían sucedido allí: alguien había trasladado y depositado a Isabel muerta en ese vehículo. Por lo tanto, había un escenario principal que hasta el momento desconocían. Y tenía un trapo en el cuello, del que inicialmente se pensó que había sido utilizado para asfixiarla. Es así como, a partir de la mera observación, ya se contaba con datos importantes: se sabía que lo más probable era que la víctima hubiera muerto por estrangulamiento en otro sitio y que alguien la había depositado en el maletero, además de conducir el coche desde un lugar distinto al del ataque.

De allí en más, se desarrollaron varias líneas paralelas de investigación. Algunos agentes se encargaron de recorrer la zona y preservar el lugar, así como los objetos que pudieran resultar de importancia, como los contenedores de basura, que debían ser estudiados en busca de huellas o de algún elemento que el asesino hubiera descartado. Realizaron asimismo recorridos del entorno, investigaron el tráfico telefónico y las operaciones de los cajeros automáticos de la zona, al tiempo que recogieron las grabaciones de las cámaras de seguridad de la ciudad y de los comercios. La intención era identificar a cada uno de los coches presentes en las filmaciones y de esa manera, intentar descubrir el momento en que el Nissan de Isabel llegó al lugar donde fue aparcado. Lamentablemente, esto no fue posible, ya que ninguna cámara logró filmar esos instantes.

Después de las primeras observaciones, tanto el cuerpo de Isabel y las bolsas que lo cubrían como el vehículo fueron trasladados a dependencias policiales para comenzar con la autopsia y la búsqueda exhaustiva de huellas digitales.

Mientras tanto, la policía se planteaba dos hipótesis: una, el asesino «podía haber sido una persona muy cercana a la víctima, como la familia, los amigos o el entorno universitario, por lo que sería un crimen emocional», o dos, la joven podría haber sido una víctima casual del homicida. Así lo relató Mesalles en una nota del periódico *Segre*, en 2019. Al mismo tiempo, era imperativo reconstruir, con inmediatez, las últimas horas de vida de Isabel, deviniendo esta línea en una herramienta fundamental para la investigación. Necesitaban establecer una cronología de los hechos del modo más completo posible.

El duelo de la comunidad

El martes 25 de noviembre los leridanos amanecieron con la horrible noticia del hallazgo del cuerpo de Isabel Bascuñana y tanto los periódicos como los noticieros de los horarios centrales se hicieron eco de la muerte de la joven. «Hallan un cadáver en el maletero de un coche en La Bordeta», «Estrangulada con una venda la joven hallada muerta en La Bordeta», «Aparece en Lérida el cadáver de una universitaria en el maletero de su coche», fueron algunos de los titulares de los principales diarios de la zona. Los periodistas que recuerdan esos días aseguran que la gente estaba realmente asombrada y muy conmovida por lo que estaba sucediendo en su ciudad.

Para sumarle dramatismo a la situación, justamente en esa fecha se conmemoraba el Día Internacional de la Eliminación de la Violencia contra la Mujer, en memoria del asesinato de las hermanas Mirabal, activistas dominicanas que fueron ultimadas por orden del dictador Trujillo. No era descabellado pensar que el asesinato de Isabel se inscribiera en este tipo de violencia. La comunidad leridana, conmocionada, dio muestras de su solidaridad con diversas acciones. Durante varias semanas, por ejemplo, los vecinos colocaron velas, flores y notas en el lugar donde fue hallado el coche con el cuerpo de Isabel. Tanto la Universidad como las autoridades municipales expresaron, asimismo, su pesar públicamente. Pau Cabré, el alcalde de Alpicat (el municipio donde residía Isabel) expresó también su dolor por el asesinato y dijo que su muerte era muy triste porque no tenía una explicación. Era lo que muchos otros pensaban: ¿por qué? ¿Por qué asesinar a una joven sin enemigos ni problemas? ¿Quién podía haberlo hecho?

La decana de la facultad de Derecho, Agnès Pardell, fue entrevistada por el periódico *ABC* y comentó que estaban viviendo lo ocurrido con «dolor, tristeza y mucha rabia, y esperando saber cómo y por qué había pasado todo». En el vestíbulo de esta facultad, se realizó el viernes 26 un minuto de silencio al que asistieron cientos de estudiantes. Eran momentos de gran desconcierto entre los jóvenes: muchos ya habían sido contactados por la familia en las horas anteriores e incluso habían ayudado en la búsqueda. Pronto también comenzaron a ser abordados por la policía, que no solo tenía que indagarles para descartar sospechosos, sino que necesitaba, igualmente, reconstruir las últimas horas de vida de la víctima.

La familia de Isabel fue descartada desde un principio como sospechosa, dado que todos habían estado en la casa o cerca de ella durante la noche del 23 de noviembre. En cambio, amigos, compañeros y conocidos formaron parte de la

Capital de la provincia catalana homónima, Lleida o Lérida es una tranquila villa de unos 211 km² y 140.000 habitantes.

larga lista de individuos que debieron declarar ante la policía. El interrogatorio servía para recabar datos de la joven asesinada y, al mismo tiempo, conocer las coartadas de cada una de las personas citadas.

Era importante establecer con certeza dónde se encontraba cada uno, con quién y qué había hecho después de las diez de la noche del día del crimen. Alba Calvet, amiga de Isabel, fue una de las que debió dar su testimonio. En el documental *Crims*, detalló que la llamaron a declarar y la entrevistaron en una pequeña sala. Allí le tomaron sus huellas digitales y le dijeron que debían compararlas con las halladas en el coche y las que fueran apareciendo en la investigación. Era obvio que las de Alba estarían en el vehículo. «Claro, yo evidentemente había estado mucho en su coche, porque íbamos de aquí para allá», dijo la joven. Además, le hicieron preguntas sobre las costumbres de Isabel y acerca del círculo de amigos. Ella intuyó que sospechaban de alguien del entorno cercano. «Eso te impacta mucho y te hace dar más miedo. Porque tú estás con esta gente y compartes muchas horas. De repente, desconfías de todos, no sabes con quién ir, con quién no, es una paranoia».

A partir de las primeras declaraciones, las autoridades pudieron determinar que Isabel era muy querida en su grupo de amigos, quienes la consideraban una persona genuina, alegre y generosa. Alba Calvet, por ejemplo, contó en el mismo documental que se habían conocido trabajando en un pub en Lérida: «Nos hicimos amigas, quedábamos cada día, tomábamos un café, o íbamos a estudiar a la universidad, era muy buena persona, te daban ganas de abrazarla siempre».

Los datos brindados por sus conocidos y compañeros permitieron saber que Isabel tenía un compañero sentimental, un chico llamado Ignasi según algunas fuentes o Isaac, según otras. El muchacho fue objeto de investigación y se convirtió en el primer sospechoso en el que se puso el foco. Era estudiante de la

Escuela de Policía de Mollet del Vallès —a unos 160 km de distancia de Lérida— donde se preparaba para ser mozo de escuadra. Los investigadores se contactaron con los responsables de la escuela y con sus compañeros. «Así pudimos ver que esta persona el día de la desaparición y el de la localización [de Isabel] había estado en la escuela y no se había movido de allí», explicó Sergi Mesalles en *Crims*. Rápidamente, el joven quedó descartado como sospechoso. La línea de investigación que se centraba en conocidos, familiares y amigos quedó así prácticamente cerrada.

Las horas finales de Isabel

El círculo cercano de la joven asesinada y numerosos testigos casuales brindaron datos para que las autoridades pudieran reconstruir los últimos movimientos de Isabel. También la tecnología aportó lo suyo: las cámaras de seguridad de la ciudad y los comercios no habían captado en ningún momento la imagen de la joven, pero sí lo habían hecho las de la Universidad. En la videograbación tomada en la facultad, se la podía ver frente a un ascensor, luego en la biblioteca y finalmente saliendo del edificio, sola. El siguiente dato era la comunicación telefónica con su madre: en esa conversación, ocurrida cerca de las diez de la noche, Isabel le había dicho que compraría un bocadillo y que luego iría a buscar el auto al aparcamiento de los cines para regresar a casa.

Era probable, entonces, que hubiera caminado hasta los locales de la Isla del Ocio. El equipo de investigación recorrió cada uno de los bares y restaurantes entrevistando a sus empleados, dueños y comensales, preguntando si recordaban haber visto a Isabel. El encargado de uno de los establecimientos le había visto y en otro bar cercano, llamado Gambrinus, finalmente una empleada afirmó que Isabel había estado allí aquella noche y que había comprado un bocadillo, alrededor de las diez y media. ¿Le habría visto alguien más en la zona?

La siguiente parada en el itinerario planeado por la joven era el estacionamiento, por lo que los investigadores se dirigieron hacia allí para recabar más datos. Entrevistaron al vigilador, pero el hombre afirmó que no había registrado la entrada ni la salida de ese coche y que no recordaba haberle visto. Por lo tanto, la última vez que se podía afirmar que Isabel había estado con vida era en la zona de ocio de los cines Lauren y la última persona en verla habría sido quien le vendió el bocadillo.

Las entrevistas con testigos de La Bordeta dieron con otra pista importante: un vecino de la zona afirmó observar el coche de Isabel a las once y media de la noche ya aparcado en el sitio donde fue hallado. De este modo, la policía contaba finalmente con una cronología bastante acotada y una franja de una hora en la que se podía haber cometido el crimen: entre las diez y media, que fue vista comprando el bocadillo y las once y media, en que el auto ya estaba aparcado sobre la calle Ignasi Bastús. Entre el bar donde hizo la compra y aquella dirección no había más de 2 km de distancia. ¿Qué había sucedido en esos sesenta minutos y 2.000 m? ¿Quién había interrumpido los planes de Isabel y cercenado su vida para siempre?

Aunque su novio fue descartado como sospechoso, la policía le entrevistó como al resto del entorno de la joven. En su declaración brindó una valiosa información, que iniciaría una nueva línea de búsqueda. Ignasi contó que Isabel había recibido varias llamadas extrañas en su móvil, en las que el interlocutor no hablaba, o solo se escuchaba su respiración y luego cortaba. Ella se había sentido incómoda, tanto como para comentárselo. En las conversaciones con algunas otras estudiantes, se descubrió que algunas de ellas también habían recibido este tipo de comunicación. Era urgente, entonces, conseguir los registros telefónicos del móvil de la víctima. Sergi Mesalles solicitó los rastreos desde un mes antes de la muerte hasta el 23 de noviembre: llamadas entrantes, salientes, mensajes, todas las comunicaciones.

En ese momento, apareció un dato llamativo: el día del asesinato de Isabel, a las once y veintiocho de la noche, se produjeron dos llamadas consecutivas a un número de tarifa adicional, los antiguos 807. Los documentos mostraron que fueron realizadas a una línea erótica que ofrecía atención sexual telefónica. Los agentes se contactaron rápidamente con la empresa proveedora del servicio y consiguieron dar con la empleada que había atendido esa llamada, quien recordó haber conversado con un hombre que hablaba castellano y que dijo ser de Lérida. La policía consideró que la llamada debía haber sido realizada por el asesino después de la muerte de Isabel, cuando el coche ya estaba aparcado en el lugar donde fue localizado posteriormente.

El último adiós

En medio de la investigación policial que desplegó equipos por toda la ciudad, el sábado 27 de noviembre se realizó el funeral de Isabel Bascuñana en la Catedral Nueva de Lérida. Cientos de personas concurrieron a despedirle. Alba Calvet, a la distancia, rememoraba que había mucha gente, algo que le derrumbó emocionalmente. Para sus seres queridos, era el momento de darle el último adiós. Para la policía, en cambio, era un evento que podía brindarle alguna pista más sobre el sospechoso.

Roderic Moreno i Mir, Jefe del Área Regional de Investigación de Ponent, fue uno de los investigadores principales del caso. Él sabía que no podían dejar de estar allí: «Fue un funeral masivo, se desplazó un equipo que estuvo muy pendiente de todas las personas que fueron y de cualquier reacción que pudiera ocurrir y que pudiéramos interpretar que tenía relación con los hechos. Podía ser que el asesino fuera al funeral, o incluso que no fuera, y que esto resultara llamativo», explicó en *Crims*. Quizá, por ejemplo, algún amigo cercano no se presentara o a lo mejor podrían escuchar algún comentario que les diera cierta pista. Sin que la mayoría de los asistentes lo supiera, varios agentes se apostaron dentro y fuera de la catedral y en las calles aledañas, e incluso realizaron filmaciones en la zona. Sin embargo, no recogieron ningún dato significativo.

Ciencia y lógica

La autopsia del cuerpo de Isabel, en cambio, brindó detalles fundamentales para la investigación. En primer lugar, se confirmó que la causa de muerte había sido estrangulamiento, y que un trozo de tela encontrado en la escena del crimen había sido el utilizado para matarle. No se hallaron, sin embargo, rastros, pistas ni huellas del asesino.

Pero no solo le habían estrangulado sin más. Según explicó Roderic Moreno en el documental *Crims* de TV3, también se comprobó que había sido agredida sexualmente: «Se encuentran indicios biológicos en su vagina (restos de semen) y [supimos que] esta agresión se había realizado en lo que en términos forenses se denomina *perimortem*, en torno a la muerte». Es decir, el asesino había violado a Isabel al mismo tiempo que la estrangulaba. Los restos hallados constituían una prueba importante, ya que era posible que de ellos se pudiera obtener un perfil genético del criminal. La autopsia también concluyó que la joven había muerto después de las diez y media de la noche y que no había ingerido ningún alimento en las últimas horas, por lo que se dedujo que no había comido el bocadillo que compró, por lo que el ataque se produjo después de que ella saliera del bar y antes de que llegara al vehículo.

El coche también fue objeto de un estudio minucioso por parte de la policía científica. Si allí había algún rastro, debían hallarle. Se recogieron fibras, cabellos, todos los objetos localizados en el interior y una gran cantidad de huellas, muchas de ellas incompletas o imposibles de comparar, y otras que se desestimaron rápidamente porque pertenecían al entorno. Estas personas cercanas habían proporcionado sus propias huellas para que se cotejaran y habían manifestado en sus declaraciones haber estado en algún momento dentro del coche.

Luego de este repaso minucioso del vehículo en el laboratorio, fue el turno de los investigadores. Uno de ellos prestó su testimonio para el ya citado documental de la cadena TV3:

> «Cuando terminó la policía científica entramos los investigadores y buscamos dentro del vehículo aquellas cosas discordantes, que no cuadraban, como por ejemplo la posición del asiento. Isabel era una persona de baja estatura y el vehículo tenía el asiento muy tirado hacia atrás. Por lo tanto, quien se llevó el vehículo era más alto que Isabel. Después encontramos un casete, y al escucharlo vimos que era música sudamericana. La familia nos informa que ella no utilizaba el radiocasete, que siempre iba con un *discman*. Por lo tanto, ella no tenía casetes, de hecho no había ningún otro. Solo ese, que estaba dentro del equipo. Eso nos hace pensar que en el momento que la transporta el asesino puso esa cinta y la escuchó».

El prestigioso criminólogo español Vicente Garrido Genovés dio una explicación interesante a esta conducta: según él, la música pudo haber tranquilizado al asesino, como una manera de expresar que todo estaba bien y que se había salido con la suya. «Mi interpretación es que el impulso sexual, lejos de haberse saciado por el asesinato que había protagonizado, era todavía muy intenso. El asesinato y la violación le habían dejado en un estado de gran sensibilidad erótica», dice en su libro *La mente criminal*. Se trataba, probablemente, de un tipo de persona que no se sentía acorralada ni con miedo, sino contenta y satisfecha después de haber cometido el delito.

Dentro del maletero, había otro elemento primordial para analizar: las bolsas de basura que tapaban el cuerpo de la víctima.

Estas lanzaron a los investigadores en dos direcciones: por un lado, la policía científica necesitaba registrar las huellas digitales que podían haber quedado en ellas; por otro, los agentes debían averiguar de dónde podían haber provenido las bolsas.

En este sentido, Roderic Moreno y Sergi Mesalles contaron cómo fue el proceso en una nota escrita en 2007 para el periódico *Segre*: «En primer lugar se pudo determinar la marca de la bolsa, y en consecuencia el fabricante, el distribuidor y una característica específica: únicamente se distribuía a empresas de limpieza, y estas las usaban entre otros lugares en la Universidad de Lérida, en el complejo lúdico de los cines Lauren y... como anécdota, en la misma comisaría de los Mossos d'Esquadra de Lleida». Estos sitios coincidían con las áreas donde se había movido Isabel en sus últimas horas de vida.

Sabían entonces que esta era la probable escena primaria del crimen, el lugar donde se había producido el ataque. Contaban también, como se dijo, con un espacio temporal acotado y con un móvil: el ataque sexual. En ese punto del proceso de investigación, la hipótesis más fuerte era que se encontraban ante un asesino que había elegido a su víctima al azar. Faltaba un dato fundamental: la identificación firme de un sospechoso. Uno de los pasos siguientes era, por lo tanto, averiguar quiénes podían haber tenido acceso a las bolsas.

Para ello, se volvió a interrogar a todas las personas que tenían algún tipo de vinculación con la Isla del Ocio, desde los trabajadores de los cines hasta los servicios de limpieza. La investigación fue exhaustiva: se tomó testimonio a más de 150 personas, y de unas 80 se recolectaron, además, sus impresiones digitales. Dentro de este último grupo, entraron todos los empleados de la zona de entretenimiento.

Entre ellos, hubo un trabajador en particular que llamó la atención de los agentes: el vigilador del aparcamiento, Gilberto Antonio Chamba Jaramillo. Este hombre de 43 años, de origen ecuatoriano, había declarado en los días anteriores, cuando la policía había recorrido la zona donde se había visto por última vez a Isabel. En aquella ocasión, no había aportado datos de importancia y se había mostrado tranquilo. Uno de los investigadores recordaría luego que parecía callado y calmado, y que dio su autorización para revisar su vehículo. Solo encontraron allí una caja de herramientas, nada que pudiera llamarles la atención.

En esta nueva entrevista, las autoridades recabaron más datos: supieron que hacía poco que trabajaba realizando tareas de vigilancia en el estacionamiento de los cines Lauren. Además, también ayudaba en el final de su jornada laboral, que iba desde las tres de la tarde hasta las doce de la noche, a limpiar y ordenar la zona de los cines. En una nota de 2019 al diario *Segre*, Sergi Mesalles comentó: «Recuerdo que uno de los compañeros me dijo que tenían a Chamba y que le había causado una sensación extraña al preguntarle cosas del pasado. [...] Dijo que había estado en la cárcel y que había estado por una muerte, pero no respondió nada más. Ni en nuestra base de datos ni en las del resto de las fuerzas de seguridad constaba ningún antecedente, pero empezamos a sospechar de él».

Roderic Moreno, por su parte, detectó que Chamba tenía unos tatuajes que parecían carcelarios, por lo que le resultó extraño que no existiera ninguna constancia de su paso por prisión. Los Mozos necesitaban comprobar la coartada de Chamba para el horario estimado del ataque. El hombre les dijo que en ese momento estaba trabajando en el parking. Sin embargo, la supervisora no pudo certificar su presencia hasta las once y cincuenta de la noche. Desde las diez hasta esa hora, nadie le había visto y tampoco existían cámaras en la zona que pudieran corroborar sus dichos.

Así las cosas, la policía estudió todas las posibilidades: ¿podía Gilberto Chamba haber asesinado a Isabel en el aparcamiento y luego haber llevado su coche hasta La Bordeta y vuelto a tiempo para presentarse en la oficina antes de las doce de la noche? Era cuestión de averiguarlo. Un agente recorrió a pie dos itinerarios posibles entre el sitio donde se halló el vehículo y el estacionamiento. Lo hizo primero caminando de forma lenta y pausada, demorando entre 23 y 25 minutos para realizar el trayecto. A continuación, realizó el mismo recorrido a paso rápido y en esta oportunidad, le llevó entre 12 y 13 minutos llegar a destino. Por lo tanto, era probable que el hombre al que estaban investigando hubiera cometido el crimen.

A partir de ese momento, Chamba se convirtió en un sospechoso firme y la policía comenzó a vigilarle, de forma discreta y no permanente. El 30 de noviembre, el día siguiente al interrogatorio, Chamba no concurrió a trabajar, por lo que generó aún mayores dudas entre los investigadores. Suponían que se había dado cuenta de que tenía a la policía siguiéndole el rastro y que estaba intentando escapar. El 1 de diciembre, sin embargo, el sospechoso volvió a presentarse en el aparcamiento. La policía le tuvo en la mira de forma constante desde ese momento con la intención de no perderle pisada. Mientras tanto, el equipo de la Policía Científica trabajaba contrarreloj para determinar si se podían levantar huellas de las bolsas de basura e identificar a quién pertenecían.

Todo pendía de esas bolsas; Mesalles y Moreno contaron con detalle cómo fue la tarea en un artículo de 2007 al periódico *Segre*:

«[...] El estudio de la bolsa de basura creó un dilema importante al jefe de la Policía Científica... Había que decidir qué tipo de reactivos aplicar, ya que si se equivocaba podían dañarse las posibles huellas: ¿reactivos químicos?, ¿mecánicos? Los químicos (vapores de cianocrilato) fueron los elegidos y el resultado arrojó múltiples fracciones de huella, pero ninguna con suficientes puntos característicos como para tener valor identificativo. Había que arriesgarse más y se aplicó un reactivo mecánico sobre estas fracciones para intentar contrastar alguna huella de forma que se encontraran más puntos identificativos. El experimento fue un éxito y logró revelar tres valiosas huellas. Además, por la situación de las muestras en la bolsa, incluidas las fraccionadas, se pudo determinar que no era posible que el asesino dejara las huellas si colocaba la bolsa en una papelera, pues en este caso las huellas se habrían encontrado en la parte interior de la bolsa y en los límites por donde se corta la bolsa para separarla del rollo. En cambio, se encontraron en la zona exterior, solo en uno de los lados, y ubicadas de tal forma que sugerían claramente que la bolsa había sido utilizada para cubrir el cuerpo».

Estaban las huellas y eran del asesino, ahora había que compararlas con las de las personas investigadas como posibles homicidas. El proceso sucedió en paralelo con las demás investigaciones, de modo que cuando Chamba comenzó a ser considerado como sospechoso, rápidamente pasó a ser el primero en la lista para el cotejo de sus impresiones digitales con las halladas en las bolsas de basura. Mientras se realizaba esta diligencia, se hicieron pesquisas para conocer más datos sobre el sospechoso y las autoridades averiguaron que el hombre había llegado proveniente de Ecuador hacía unos cuatro años y que no tenía antecedentes penales. Las tareas de inteligencia estuvieron orientadas a determinar el perfil de Chamba, mientras los científicos continuaban con el estudio de las huellas digitales.

La detención
Uno de los investigadores del caso relató cómo fueron las tensas horas de seguimiento a Chamba en el documental *Crims*: «Cuando le localizamos, el día 1 de diciembre, que fue a trabajar, ya comenzamos a observarle constantemente. Estuvimos

toda la tarde vigilando, desde las tres que entró a trabajar hasta las seis, esperando una comunicación de los mandos para detenerle, dependiendo de la confirmación de que la huella era cien por ciento positiva».

Ya entrada la tarde, recibieron esta certificación: las huellas halladas en las bolsas eran idénticas a las de Gilberto Chamba Jaramillo. Era tiempo de entrar en acción. Sergi Mesalles calificó esa ocasión como «un momento de alerta porque no sabes la reacción que puede tener esta persona». Uno de los agentes presentes en el operativo relató el momento de la detención: «bajamos al parking, éramos cinco o seis, con el jefe delante. Lo encontramos [a Chamba] allí sentado en un rincón, en una silla. Y en el momento en que nos ve bajar se pone de pie y yo tengo la sensación de que ya sabía que íbamos a detenerle». Pero el sospechoso ni se inmutó, tal como contó Sergi Mesalles: «Lo que recuerdo de él es su frialdad, en ningún momento se mostró hostil a la actuación policial ni se resistió, y vino con nosotros a la comisaría».

Ese mismo día, la prensa destacó la noticia en periódicos y noticieros. La gente de Lérida y de toda España seguía con interés el caso. Pronto se supo que un hombre ecuatoriano que trabajaba en el aparcamiento era el principal sospechoso y que estaba detenido. Los investigadores estaban satisfechos con la tarea: habían logrado identificar y aprehender al supuesto asesino en una semana.

Sin embargo, eran conscientes de que aún tenían un largo camino por recorrer. Debían recolectar todas las pruebas que tuvieran a su alcance para establecer sin lugar a dudas que Gilberto Antonio Chamba Jaramillo había asesinado a Isabel Bascuñana. Seguirían meses de intenso trabajo en los cuales descubrirían datos estremecedores sobre la persona que ahora estaba tras las rejas.

Los demonios de su pasado se harían presentes en España y mostrarían todas las facetas de su personalidad criminal.

Capítulo 4

EL PERFIL DEL CRIMINAL

«El mal es poco espectacular
y siempre humano,
y comparte nuestra cama
y come en nuestra propia mesa.»
W.H. AUDEN, *Poemas elegidos.*

D espués de una intensa semana de trabajo, la policía pudo
respirar con mayor tranquilidad, a sabiendas de que el
sospechoso estaba detenido. Convencidos de que habían
dado con el asesino y de que contaban con pruebas materiales
para probarlo, ahora necesitaban reunir toda la evidencia posible para lograr una condena judicial.

Durante las primeras horas en la comisaría, Chamba declaró
nuevamente ante los agentes, pero en ningún momento admitió
haber cometido delito alguno. Ensayó allí un sinfín de explicaciones
contradictorias, tanto para explicar dónde estaba el día del asesinato de Isabel como para justificar la compra de pasajes al extran-
jero. Luego, ya no volvería a hablar más, amparado por su legítimo
derecho y asesorado por su abogada del momento, Teresa Collado.

Mientras tanto, la policía siguió desplegando distintos equipos en el terreno y en el laboratorio. En primer lugar, querían
saber qué había hecho Chamba el día en que no había concurrido
a su trabajo. ¿Había intentado esconderse de las autoridades?

¿Escaparse quizá? Los investigadores hicieron sus averiguaciones en agencias de viajes, aeropuertos, líneas aéreas y de tren. Descubrieron que el sospechoso no se había estado quieto y que había intentado huir de Lérida rápidamente. Fueron sus familiares quienes relataron que Chamba había comprado billetes de avión para viajar a Sudamérica el día antes de su detención, a cualquier lugar y a cualquier precio.

Además, la policía detectó llamadas en su teléfono móvil a empresas de viajes y averiguó que el día 29 de noviembre una mujer había concurrido a una agencia y había preguntado en su nombre por vuelos a Quito y Caracas. Al parecer, la mujer realizó una reserva para el 1 de diciembre, pero el destino le jugó una mala pasada que resultaría luego un golpe de suerte para la policía. Chamba quiso abordar el tren para viajar hasta el aeropuerto de Barcelona, pero minutos antes de subir comenzó a sentirse mal y debió concurrir a un hospital. Le diagnosticaron un ataque agudo provocado por una úlcera de estómago, le inyectaron la medicación correspondiente y le enviaron a casa. Pero ya era tarde, había perdido el vuelo que le permitiría permanecer en libertad.

Ya en el juicio oral, varios testigos asegurarían que su hermana trató de recuperar el dinero del billete y que había logrado cambiarlo por dos pasajes para el día 3. Los testigos también contaron que, cuando se presentó en la agencia, Chamba dijo que quería vender un coche. Estaba claro que su intención era fugarse para no enfrentarse a la Justicia, sabía que la policía estaba cerca de descubrirle. En el juicio se constató además que había llamado a su jefe el 29 de noviembre, diciéndole que se encontraba «muy presionado». Luego fue a verle y le pidió unos días de licencia para ir a Canarias.

Nada de esto se concretó, ya que el 1 de diciembre fue detenido por la policía. Tres días más tarde, el 4 de diciembre, los jueces dictaminaron que quedara detenido en el Centro Penitenciario de Ponent sin posibilidad de fianza.

El «Monstruo de Machala»

La detención del asesino de Isabel se difundió por toda España. La noticia ya no era solo local: los periódicos nacionales y todos los medios de comunicación seguían con atención el caso. El nombre y las imágenes del acusado dieron la vuelta al país y luego al mundo. Cuando Chamba pasó a disposición judicial, como era de esperar, se produjo otro eco mediático importante, a tal punto que un periodista ecuatoriano residente en Madrid llamó a la comisaría para informar que había visto las imágenes del detenido, a quien reconocía como «el Monstruo de Machala». En el documental *Crims* se puede escuchar el testimonio estremecedor de este periodista: «Causó realmente terror, convulsionó aquí a esta ciudad de Machala con ocho crímenes y un intento de asesinato. Esa cara a mí jamás se me olvidó, y cuando lo vi dije "este es el mismo Chamba que asesinó acá"». El propio periodista había cubierto la noticia en Ecuador, de ahí que ese rostro le resultara imposible de olvidar.

Así se enteraron los investigadores españoles de que el hombre que habían detenido unos días atrás era un asesino en serie. El trabajador del aparcamiento había asesinado, entre mayo de 1988 y marzo de 1993, a ocho mujeres. Además, lo había intentado en otras dos ocasiones más, en la ciudad de Machala, provincia de El Oro, Ecuador. A todas las jóvenes les había dado muerte de forma muy parecida a lo que había hecho con Isabel: las había estrangulado mientras las violaba. Por estos terribles crímenes había sido apodado como el «Monstruo de Machala». Condenado a 16 años de cárcel, gracias a ley llamada 2x1, solo cumplió la mitad de los años que le correspondían en prisión.

En aquellas horas, también se recibió la llamada telefónica de la madre de una de las víctimas de Chamba. Desde Ecuador, dio información similar a la de su compatriota periodista: ella había visto las fotografías en las noticias y no tenía dudas de que se trataba de la misma persona que le había arrebatado a su hija.

El 'monstruo forense' asesinó a ocho mujeres

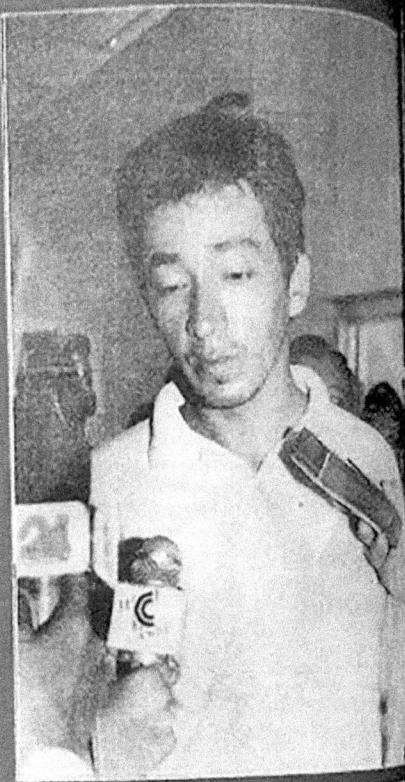

12A

13A

Clamor de los familiares de las víctimas:

Chamba no actuaba solo

José Santacruz, médico legista:

En crímenes intervinieron más de una persona

13A

Letty Farías:

"Canalla, por qué encubres, dí la

Un periodista y la madre de una de las víctimas lo confirmaron: Gilberto Chamba, oriundo de la provincia de El Oro, era un asesino en serie. Portada del diario *Correo* de Ecuador sobre los ocho asesinatos cometidos por el detenido entre 1988 y 1993.

Incluso, envió por fax varios artículos de prensa publicados en el momento de la aprehensión de Chamba en su país de origen.

Cuando transcendieron estos datos, tanto la policía como los medios iniciaron una carrera por conseguir la confirmación: el supuesto criminal de Lérida, ¿era realmente también el asesino en serie que había actuado en Ecuador? No solo coincidía toda la información, sino que también existía cierta similitud entre Machala y la ciudad catalana, en cuanto a la cantidad de población y tipo de vida. Las autoridades se comunicaron con Interpol para chequear todo lo que sabían. Los medios, por su parte, intercambiaron datos con sus pares en el país sudamericano. *El periódico de Aragón*, por ejemplo, entrevistó al periodista de Machala, Alberto Chávez Cruz, testimonio que ya citamos, quien había seguido de cerca el caso en su país de origen. Repitió lo mismo: «Hay caras que uno no olvidará en la vida. Y la de Chamba está aquí grabada para siempre». En pocas horas, la policía ecuatoriana, facilitó la información para que Interpol confirmara rápidamente todo lo que se decía acerca de Gilberto Chamba. Estaban en presencia de un asesino en serie que había vuelto a las andanzas luego de un período de calma.

Ante semejantes revelaciones, muy pronto surgió una pregunta inquietante: ¿cómo era posible que este hombre hubiera entrado en España sin problemas?

Página en blanco

La información sobre los crímenes y la condena de Chamba deberían haber impedido su entrada legal a España. Sin embargo, una vez que se difundió la identidad del «Monstruo de Machala», los medios de comunicación supieron que allí no solo había una historia increíble, sino el puntapié inicial para una nueva discusión sobre la eterna controversia por la inmigración en Europa.

El diario *El País* publicó en diciembre de 2004 la noticia de que Chamba disponía de un documento de identidad para extranjeros y que vivía en España con todos los papeles en regla. Esto, obviamente, implicaba una severa contradicción, ya que, para obtener el pasaporte en Ecuador y el permiso de residencia en España, es requisito la ausencia de antecedentes penales. ¿Cuál era la causa? Que la ley ecuatoriana, como la de otros países, permite la cancelación de antecedentes penales en la Policía Judicial una vez cumplida la sentencia.

Esto quiere decir que la persona figura «sin antecedentes penales», aunque la información de su causa y sentencia se encuentren en el archivo judicial. En el caso de Chamba, se pudo averiguar que llegó a España en 2000 y que regularizó su situación en 2001, en un proceso extraordinario que realizó el gobierno por el que redujo drásticamente la cantidad de documentos necesaria para la legalización antes de que entrara en vigencia el Reglamento de Extranjería, mucho más exigente. En los archivos consta que en 2003 presentó un certificado en el que la Dirección Nacional de la Policía Judicial de Ecuador acreditaba que carecía de antecedentes penales. La agencia EFE expresó que tuvo acceso a ese certificado fechado el 23 de junio y con validez hasta el 29 de septiembre de ese mismo año.

Pronto la familia de Isabel expresó su indignación frente a la situación, lo mismo que hizo la opinión pública. Unos y otros sentían que la muerte de la joven podría haberse evitado si se hubieran realizado los procesos administrativos correctamente. Este reclamo llegaría a las más altas esferas políticas en los meses siguientes, y dieron pie a una investigación paralela sobre la actuación de diversas oficinas e instituciones en el tema de la inmigración y los requisitos para la permanencia de extranjeros en España. Al mismo tiempo, la comunidad ecuatoriana en el país, una de sus colectividades extranjeras más numerosas, vio con alarma el aumento de noticias y opiniones que la valoraban negativamente.

Un antecedente aterrador

A pesar de las numerosas pruebas con las que contaba el equipo policial que investigaba a Chamba, su tarea aún no había concluido. Con Chamba detenido, registraron el piso donde vivía con su familia y hallaron un elemento importante: una constancia de una sanción que había recibido por una contravención a la Ley de Seguridad Ciudadana por posesión de un arma blanca. Allí constaba que había participado en un conflicto, en una zona donde es común la prostitución, sita en los accesos a Lérida. Si el asesino había estado allí y había tenido problemas, probablemente alguien le recordaría o sabría algo sobre el episodio. Así fue como un equipo de la policía comenzó a seguir el tema, indagando el entorno del asesino e interrogando a diversos personajes del lugar.

Los investigadores Moreno y Mesalles afirmaron que se pudo establecer que Chamba era usuario habitual de los servicios de prostitutas de la carretera ubicadas en torno al hotel Jamaica. Y allí volvieron a encontrarse con un dato que hoy, a la distancia, resulta escalofriante.

En el documental *Crims*, Mesalles relató: «En el momento en que indagamos en forma concreta en el mundo de la prostitución de la zona se nos abre una nueva ventana y encontramos la posibilidad de hablar con una persona que ejercía la prostitución sobre la carretera, que nos cuenta un episodio en el cual estuvo a punto de morir [a manos de Chamba]». Así que Chamba había intentado asesinar a otra mujer antes de concretar la muerte de Isabel. La mujer dio más adelante su testimonio en el juicio.

Durante las sesiones, contó el episodio con lujo de detalles. Afirmó que un día de verano de 2003 se encontraba en los alrededores del hotel Jamaica y se le acercó Gilberto Chamba —al cual reconoció sin lugar a duda durante el juicio oral— en su coche. Quería mantener relaciones sexuales con ella en el vehículo, así que después de recibir el monto convenido, la mujer se subió y su cliente condujo unos metros hasta un sitio cercano, oscuro y solitario, apartado de la carretera principal. Allí aparcó y subió las ventanillas. Se ubicaron en la parte trasera del automóvil y él le pidió que se desnudara. Chamba también se quitó la ropa y solo se dejó un cordón blanco atado a la cintura. Luego se situó sobre la mujer y le tomó del cuello, intentando consumar el acto sexual. Pero no consiguió una erección y le pidió a la mujer que cambiaran de posición. Entonces le tomó nuevamente del cuello y situó su dedo pulgar bajo la nuez, oprimiendo fuertemente. Tanto que la mujer comenzó a tener dificultad para respirar. Ella le pidió que parara, pero él no lo hizo. Muy asustada e intentando escapar, comenzó a defenderse físicamente y lo tomó de los testículos. Chamba reaccionó al dolor disminuyendo la presión sobre su cuello y la joven aprovechó el momento para abrir la puerta del coche.

Desesperada, se arrastró fuera mientras el hombre la sujetaba de las piernas. Ella gritó, pataleó y pidió socorro: afortunadamente alertó a una compañera suya que estaba cerca con otro cliente. Los dos fueron en su vehículo hasta el coche de Chamba y en ese momento el asesino se puso en marcha y escapó a gran velocidad. Aunque fue una vivencia traumática, la joven decidió no hacer la denuncia a las autoridades, porque era una «ilegal», es decir no contaba con los papeles de residencia en España; se trataba de una inmigrante rumana indocumentada. Sin embargo, en el momento del crimen de Isabel, brindó todos los detalles del ataque y después reconoció con certeza a Gilberto Chamba como el hombre que la había atacado.

La escena es aterradora. No solo por la horrible experiencia que vivió la joven —sumado al hecho de que no pudo siquiera denunciarlo—, sino también porque nos permite vislumbrar al verdadero Gilberto Chamba: un asesino en serie inteligente y despiadado.

El episodio parece un ensayo de lo que haría más adelante y, al mismo tiempo, una repetición de lo que ya había hecho en Ecuador. En la agresión a la prostituta, pueden verse muchos elementos presentes en los crímenes anteriores que cometió

Caso Chamba
(a) "El Soldado"

"Cuando iba a gritar le tapé la boca"

A las 05H00 del 5 diciembre de 1992, la víctima lo llamó para que la lleve a la Feria Libre, pero él con engaños la llevó frente a Unioro y viendo que estaban solos la estranguló y le izo el amor por el lapso de 10 minutos; luego abandonó su cadáver.

Utilizando un bus de la cooperativa "El Oro", desde la ciudad de Pasaje, llegó a Machala la menor de 12 años Teresa Narcisa Guzmán Pesantes, a las 05H00 (hora de Sixto) porque ha pedido de "sus" padres" la enviaron para que abra el negocio en la "Feria Libre" organizada por el MAG. Dos horas después su cadáver fue encontrado abandonado frente a Unioro.

El ahora detenido y confeso, Gilbert Chamba Jaramillo declaró ser el autor de éste nuevo crimen.

COMO LA ASESINO

"... yo venía por la calle Rocafuerte entre Nueve de Octubre y Junín, una chica me alzó la mano. Es así que, yo paré y ella se subió al vehículo, llevándola a otra dirección de la que ella me dijo.

Estando situado frente a Unioro, procedí a hacer el amor con ella a la fuerza, cuando ella iba a gritar le tapé la boca.

Dándome cuenta que ya estaba lo más avanzado de asfixia, continué haciendo el amor hasta terminar y mis manos seguían en el cuello de ella.

Todo fue rápido por cuanto era aproximadamente 10 minutos para las 06H00.

Viendo que ella no se movía opté por bajarla del vehículo y dejarla tirada a un costado de la calle... a la altura de Unioro...

... en un cañaveral de Guanavana y 14 de Norte), marca "Toyota..."

que sean las once de la mañana, ... ubicándome a descansar hasta las cuatro de la tarde para poderme ir de nuevo al trabajo.

CON EL FISCAL.

El Fiscal de turno, Abg. Jorge García le formuló el interrogatorio, del cual se desprendieron nuevas declaraciones:

1.- Que Narcisa Guzmán le indicó que la llevara a la Feria Libre de verduras, inicialmente así lo hizo, pero al llegar a la calle 9 de Octubre y Junín le dijo a la niña tratando de engañarla que ni no tenía apuro por cuanto tenía que ver a una señora que iba al mismo lugar que ella, la misma que se encontraba en Unioro, a la que ella accedió, regresando, cogió el monumento al "Bananero" hacia Unioro donde la estranguló y violó.

2.- Que luego de entregar el vehículo a su propietario, se fue a su casa. Luego salió al mercado, hizo compras, volvió a su domicilio a recoger agua porque estaban desabastecidos hasta muchos días.

3.- Que anteriormente jamás conoció a la niña Narcisa Guzmán.

4.- Que su víctima era una niña de 1,10 m. de estatura, de 14 años de edad, delgada, piel canela, pelo negro a la altura del hombro.

5.- "La asesiné apretándola por la garganta con las manos, haciéndole asfixia en la boca y mientras la estaba asfixiando le estaba haciendo el amor".

6.- "En los momentos de los delitos, crimen o violación me siento en una forma perdida o llevado por algo que me induce a matar, sin tener control, pasado el momento una o dos horas reacciono en forma normal".

CON EL INVESTIGADOR

El Mayor de Policía, Fausto...

Niña...
Qui...

El «Monstruo de Machala» era un personaje siniestro bien conocido en Ecuador y el impacto de sus crueles asesinatos inundó las portadas de muchos medios de su país. Ahora había actuado en España, donde vivía y trabajaba disfrazado de ciudadano común.

Caso Chamba
(a) "El Soldado"

Serían las 22H00 de los primeros días de mayo de 1989, la embarcó en el taxi, la llevó a Puerto Bolívar a comer sandía, luego la llevó cerca del Estero El Macho para estrangularla con un cable, no la violó, finalmente tiró su cadáver.

Solo sintió deseos de matarla y terminar con su vida- dijo Gilbert Chamba- al confesar la forma como terminó con la vida de la estudiante universitaria Dora Cecilia Cajamarca Ríos.

Su historia es la siguiente: " En el año de 1989, yo intercepté a una señorita, en circunstancias que yo ... el precisamente ... gosto y Boyacá. ... a las 10 de la ... engañó haciéndo... ulo y la invité a ... efecto llegamos ... la invité a comer ... un pedazo de sandía, incluso com... ...

que tenía clavado en el pecho.

Me asusté, me encontré que ella no hablaba ni oía, sentí nervios y traté de acabar de matarla con un pedazo de cable que se encontraba en el vehículo.

Le di vueltas al cable alrededor del cuello, sin realizar el delito de violación.

Al darme cuenta que ya no se movía, opté por deshacerme de ella, y sin pensar dos veces a botó al Estero El Macho.

Pasó unos días y se descubrió el cadáver, incluso yo estuve en el entierro de ella en el mismo vehículo en que cometí el crimen (taxi de propiedad del Cabo Segundo de Policía David Gómez).

Del cementerio egresamos y llevé a un familiar de Dora Cajamarca hasta la casa de los padres de la finada.

La sangre que botó la víctima por los cortes de vidrio manchó la colchoneta del vehículo, tuve que sacarla y lavarla en el mismo sector de El Macho, poniéndola a secar dos días en mi casa.

Luego del crimen regresé a trabajar hasta las 05H00 del día siguiente, hora en que devolví el taxi a su dueño.

Chamba: *Renace el* monstruo criminal

¡Así las mataba yo..!

Asesinato de Dora Cecilia Cajamarca Ríos

...ar desde San ...asta El Cisne, ...con la prome...

...ne un día an... ...r con la finali... ...y por estar en ...nfesarme con ...de la iglesia a

RESPUESTAS

... Abgdo, Jorge ...urante la con ...ilbert Chamba: ...ipo conoció a

...n ella fue reina ...na, yo vivía a ...én soy amigo ...hermanas.

...lgunas veces, ...que desde la ...o la saque al ...era mi amiga ...carreras.

...familiar tiene ...illa de Dora

...timamente un ...onvive con mi

...hizo el amor a

bajó en su taxi en marzo hasta junio de 1989.

La señora Fabiola Cueva dijo que efectivamente éste dejó el vehículo sin la colchoneta, manifestando que la había ensuciado, y

Srta. Dora Cajamarca Ríos
(Asesinada)

que lo tenía limpiando en su casa.

Secuencia gráfica del crimen

Dora Cajamarca trata de abordar...

La víctima se embarca confiada...

En este país en el año 2.000 rigió un beneficio para los internos de las cárceles ecuatorianas denominado "Ley 2 por 1" que redujo a la mitad las condenas de los sentenciados, por lo junto Gilbert Chamba Jaramillo, ha mediados del año 2.000 cumplió ocho años de...

...dencia de Machala llamada UNIOBO con huellas de estrangulamiento y violación. La terror subió al taxi del asesino pidiendo ser llevada a Uniobo pero Chamba a la fuerza le tapó la boca, la asfixió y abusó.

4.- Otra Carlota Huasca Sánchez, desapareció de...

EN ESPAÑA

...5 de noviembre de 2004, al interior de un vehículo Nissan Sunny, la intensa búsqueda de sus familiares, en... ...fue encontrado... ...o en una bolsa de... ...negro el cadáver de Isabel Bascuñana, de ... de edad, estudiante de Facultad de Derecho Universidad de Lleida (norte en España).

...o con una pedra, presentes a una familia ...da, en un chalet de urbanización residencial de ...ta, trabajó algunas ...a la semana en una ...de informática de un... ...t. La chica ha... ...aparecido a las 9 de ...t en el Campus uni... ...rio, zona sin ilumina... ...donde los universita... ...ban sus vehículos, e... ...t lugar donde pudo... ...do abordada por el ...ano Gilbert Cham... ...illo.

...olicía de Lleida, de... ...ada "Mossos d' Es... ...a" detuvo en calidad ...pechoso a Chatiba ...llo, que desde hace ...t trabaja como vigi... ...del apartamiento de ...ños y ayudaba en... ...t de los cines donde ...a quien fue su vícti... ...to horas después lo ...en libertad.

...pesquisas continúan ...a policía decidió nue... ...sta detenerlo en un ...miento (piso) 27 de la ...Academia de Lleida ...o tuvieron datos de ...ilbert Chamba tenía ...o país huir a su país ...t (Ecuador).

...encontró tres trapos ...ial el polvo, bolsa de...

...a las maletas de la vía Fajo... ...nal para tener relaciones ...sexuales cuando en realidad ...Gilbert Chamba intentó ...asesinarla ella es Delia ...Villavicencio Mindiola ...quien presentó acusación ...particular y el Tribunal ...Segundo de lo penal lo ...impuso al asesino en este 10 ...años de prisión.

...que su amiga recibía mensa... ...jes y llamadas de desconoci... ...do en las últimas semanas ...antes de su muerte.

Chatiba habría estran... ...gulado con una venda a la ...española, las pruebas están ...contra el por lo que la jueza ...de guardia de Lleida dictó ...prisión provisional sin fian... ...za al ecuatoriano que ahora ...tiene 53 años de edad, aun... ...que su abogada defensora ...Teresa Collada, clama por ...su inocencia pese a que las ...huellas digitales son pareci... ...das a las encontradas en el ...coche de la ahora fallecida.

TRANQUILIDAD

El abogado Oscar Solano ...Prendes, actual Juez Tercero ...de lo Penal del Distrito Judi... ...cial de la provincia de El ...Oro, en 1991 comenzó a re... ...cibir y tramitar las denun... ...cias y en calidad de Juez ...Quinto de lo Penal dictami... ...nó culpabilidad al taxista ...asesino por los ocho crime... ...nes y un intento de asesina... ...to, manifiesta que en Ecua... ...dor y en España, el asesino ...ecuatoriano demuestra una ...tranquilidad que confun... ...de. "Por datos de prensa co... ...nozco que Gilbert Chamba, ...durante la declaración ante ...la jueza española mostró ...una actitud tranquila.

Cuando estuvo frente a ...mí para rendir su declara... ...ción, mostraba tranquili... ...dad, actitud distinta a las ...personas que involucradas ...en un delito a veces de... ...muestran inquietos negan... ...do la imputación de un ...delito. El demostraba doble ...personalidad y cayó en el ...campo del tratamiento psi... ...quiátrico. Siempre se mostró ...pasivo", dijo el abogado ...Oscar Solano. La misma tác... ...tica pone en juego en Espa... ...ña para su defensa.

LO MISMO

La situación de Gilbert ...Antonio Chamba Jaramillo, ...es delicada en España, don... ...de las autoridades están so... ...licitando a través de la Emba... ...jada información de los crí... ...menes que en Machala, pro... ...vincia El Oro cometió y que...

en su tierra natal: el estrangulamiento, la elección de la víctima (una mujer joven), el intento de violación y al mismo tiempo de asesinato, así como el uso de un vehículo.

Los estudiosos saben que es común que los asesinos en serie utilicen un *modus operandi* similar en cada uno de sus crímenes y este episodio nos presenta con claridad la visión de cómo pudo haber sido el ataque contra Isabel. Aquel hombre que parecía amable y tranquilo durante su residencia en España seguía siendo el «Monstruo de Machala», un asesino en serie disfrazado de ciudadano común.

En el documental *Crims*, los realizadores entrevistaron al especialista en criminología Vicente Garrido, quien puso un marco científico a las acciones de Chamba: «Presenta un deseo de matar al mismo tiempo que se produce la violación. No es muy habitual, realmente. Normalmente se produce la violación y luego el homicidio. En algunos casos donde hay necrofilia, al revés. Pero efectivamente en el caso de Chamba existía esta pulsión. La sensación de dominio vinculado con el sexo proporciona una vivencia de plenitud».

Sin embargo, Garrido no cree que fuera un sádico. En su libro *La mente criminal*, explica que a su entender:

«Chamba se ajusta al guion de su peculiar fantasía, en la que se juntan la violación con el hecho de dar muerte. Por eso han muerto las chicas, porque es el modo en que él obtiene el gozo pleno. Y no me refiero únicamente al gozo sexual, sino que hablo de esa plenitud emocional que obtienen los asesinos en serie al matar, y que es el objetivo de esa compulsión alimentada por la fantasía. Chamba mata empleando solo el tiempo necesario. No se entretiene en hacer sufrir a las víctimas; ellas, por supuesto, vivieron un terror indescriptible en los minutos en que su agresor las ultrajaba al tiempo que asfixiaba, pero éste no buscaba prolongar esa situación sino llegar cuanto antes al resultado esperado (el orgasmo). Avala este hecho la ausencia de recuerdos o trofeos de sus víctimas. Los sádicos no son los únicos que se guardan cosas de sus víctimas para recordar sus agresiones con posterioridad y solazarse con ellas, reviviendo así esos momentos de control y poder, pero este comportamiento es muy común en ellos. Ni la policía de Ecuador ni la de España refirieron que Chamba guardara objeto alguno de las víctimas, o que hubiera tomado alguna foto de ellas».

La víctima que no fue

Como alud que se desliza sin control, los datos sobre la oculta vida de Gilberto Chamba en España siguieron llegando y conformaron un retrato cada vez más pormenorizado del oscuro personaje. En aquellos días, se presentó en la comisaría una joven para sumar su testimonio al caso. Y, nuevamente, sus palabras confirmaron los peores temores de quienes investigaban al asesino.

Esta chica, aproximadamente de la misma edad que Isabel, relató que el 22 de noviembre de 2004, un día antes del asesinato, había llegado hasta el parking de los cines Lauren. Iba con un amigo, que se bajó del vehículo para ir a comprar los boletos de la última función del día. Ella ingresó sola y aparcó el coche. Allí se encontró con el vigilador, Gilberto Chamba. Conversaron unos momentos; ella quería saber a qué hora cerraban y si tenía que pagar. Le contó que iba a ir al cine. Cuando terminó la película, bajó hasta el estacionamiento con su amigo y subieron al coche; pero cuando intentó ponerlo en marcha no pudo hacerlo.

En ese instante, oyeron que la puerta del aparcamiento se cerraba y enseguida vieron pasar al vigilador dentro su propio vehículo. Al verlos, este se detuvo para preguntarles si necesitaban ayuda. Le dijeron que sí, abrieron el capó y Chamba puso manos a la obra: los jóvenes vieron que cambió la conexión de los cables del encendido eléctrico. Probaron otra vez y el coche encendió perfectamente, así que se subieron al vehículo y se marcharon inmediatamente del lugar.

El problema había sido resuelto, pero algo no cerraba. La joven contó que a ambos les pareció una situación al menos extraña. El acompañante de la joven declaró durante el juicio y manifestó que era estudiante de ingeniería, de la rama mecánica, y que quedó sorprendido cuando el vigilador invirtió los cables: era imposible que el coche hubiera funcionado antes con la conexión eléctrica tal como estaba. Le dio la impresión de que estos cables habían sido manipulados entre el momento en que dejaron el coche y lo fueron a retirar. El mecánico habitual que se hacía cargo del mantenimiento del vehículo de la joven también declaró en el juicio oral. Afirmó que el chico estaba en lo cierto. La deducción era obvia: alguien había tocado esos cables mientras ellos estaban en el cine. Y este dato llevaba a otra conclusión: de no haber estado acompañada, la muchacha habría sido víctima de Chamba. «En este caso la suerte estuvo del lado de la chica, que fue a recoger el coche acompañada de un amigo y eso frustró el intento. Era la candidata número uno», afirmaron los investigadores Moreno y Mesalles.

Confirmaciones

La Policía Científica continuaba con su labor. Durante los interrogatorios a Chamba, no solo se habían tomado sus huellas —que sirvieron luego para ser cotejadas con las halladas en las bolsas de basura— sino también, una muestra de saliva. Esto permitió elaborar un perfil genético del acusado, que pudo ser comparado con los restos biológicos encontrados en el cuerpo de Isabel. Cuatro meses después de ocurrido el crimen, el Instituto Nacional de Toxicología emitió un informe que revelaba que, a través de las pruebas de ADN, había sido comprobado que el semen encontrado en la vagina del cuerpo de la víctima pertenecía a Gilberto Chamba Jaramillo. No quedaba ya ninguna duda.

Chamba era el asesino, a pesar de que sostuviera su inocencia y elaborara complicadas teorías para justificar los hallazgos.

Por otra parte, los peritos de la Policía Científica analizaron las prendas de vestir que llevaba Isabel el día de su muerte. Como explicaron Mesalles y Moreno al periódico *Segre*, los estudios confirmaban que los restos de polvillo localizados en los pantalones de la víctima eran coincidentes con el polvillo acumulado en la planta soterrada del aparcamiento de los cines Lauren.

Era un hallazgo importante: el lugar del ataque o «escena primaria» estaba confirmado. El sitio donde se había recogido la muestra era un lugar reducido y de acceso parcialmente restringido dentro del aparcamiento. Se comprobó que una cadena impedía el paso a esa planta reservada, una zona sin salida y vetada al tránsito de vehículos. Un área donde solo el vigilador podía ingresar, fuera de la vista de cualquier curioso. El lugar ideal para que Chamba asesinara a Isabel sin que nadie pudiera advertirlo.

La investigación iba por buen camino. De manera ordenada y meticulosa, las autoridades comenzaban a develar con precisión la secuencia de hechos que habían ocurrido durante la fatídica noche del 23 de noviembre de 2004, en que Chamba asesinó a la joven estudiante Isabel Bascuñana.

Una absurda declaración de inocencia

Desde que fue detenido, Chamba se desvinculó del crimen. Una y otra vez, sostuvo con firmeza que era inocente: «Que le digo mi verdad, yo no la he conocido, no la he matado, señor. Mi delito aquí en España es estar aquí, venir a trabajar, y debo abandonar a mi familia, a mis hijos. Ese es mi delito, señor. No por lo que me acusan en este momento»; esa fue su estrategia de victimización tal como aparece en el documental *Crims*.

Y lo mismo le dijo a Teresa Collado, la abogada defensora que tomó el caso en el primer momento: según él, no tenía nada que ver con el hecho; no conocía a Isabel y nunca le había tocado ni había estado cerca de ella. Y lo sigue sosteniendo en la actualidad. Es difícil entender su tozudez, ya que su implicación directa en el crimen está más que clara. Si nunca hubiera estado cerca de la víctima, ¿cómo es posible que sus huellas estuvieran en las bolsas que cubrían el cadáver y que su semen haya sido hallado en el cuerpo de Isabel? Chamba mintió y sigue mintiendo: él tiene una explicación para todo.

Vicente Garrido Genovés, especialista en criminología, fue uno de los peritos contratados por la acusación particular para evaluar al detenido. Junto con Montserrat Salvador Salvans le entrevistaron en la cárcel para dar su testimonio profesional sobre el caso. Garrido relata esos encuentros con Chamba en su libro *La mente criminal*, donde da cuenta de los argumentos esgrimidos por el asesino.

«[Él dice que] alguien le ha reconocido como el asesino de chicas jóvenes de Ecuador, un familiar quizás de alguna de las víctimas (aunque niega igualmente que fuera culpable de tales crímenes). Entonces, en connivencia con otras personas, urdieron lo siguiente: "Parte de mi tarea consiste en ayudar a la gente que tiene algún problema con su auto. Había una pareja de ecuatorianos que no podía arrancar el auto, así que lo dejaron allí unos días [el parking es gratuito]. Un día volvió solo la chica; no la conocía de nada, pero se me ofreció... Hicimos el amor en mi coche, cuando no había nadie en el parking. Cuando terminamos me hice un pequeño corte en la mano, así que cogí su cartera [el bolso] para limpiarme con un pañuelo. De pronto vi que había guardado el preservativo que había utilizado hace poco. ¿Por qué has guardado esto?, le pregunté. Me dijo que lo había metido en el bolso para no dejarlo ahí tirado, que lo echaría luego. Yo les digo que se guardaron el semen para ponerlo luego en el cuerpo de la chica y acusarme del crimen"». Garrido aclara luego: «Parece una explicación increíble, y lo es. (...) resulta absurdo que varias personas que pretenden castigar a Chamba porque asesinó a varias chicas (o a una en particular) maten a otra joven para echarle la culpa. Si están dispuestos a matar es más rápido y seguro acabar con su vida directamente».

Garrido también dice en su libro que, en cuanto al tema de las huellas halladas en las bolsas, Chamba afirmaba que era lógico que estuvieran allí, ya que parte de su trabajo era, justamente, colocar y quitar las bolsas de las papeleras. Se sabía que el estudio de las huellas no apoyaba sus dichos, ya que se hallaron dispuestas sobre los costados, como aplastando la bolsa. También, relató haber estado la noche del crimen con una mujer con la que se acostaba de vez en cuando, pero que esa persona nunca apareció ni declaró en el juicio para corroborar su coartada. Los argumentos de Chamba no resisten ninguna lógica y parecen meras protestas caprichosas ante tanta evidencia contundente.

Los dichos de Chamba no solo reforzaron las pruebas del crimen, sino que sirvieron asimismo como muestras importantes de su personalidad, esa que tanto Garrido como sus colegas forenses coinciden en describir como la de un «psicópata integrado». En su libro *Perfiles Criminales. Un recorrido por el lado oscuro del ser humano*, Garrido da su definición sobre este tipo de personas: «La psicopatía representa un cuadro clínico clasificado como un trastorno de personalidad, que incluye un conjunto de rasgos de naturaleza interpersonal, afectiva, conductual (estilo de vida) y antisocial. En el ámbito interpersonal, los psicópatas se caracterizan por poseer encanto superficial, narcisismo o grandioso sentido de la autoestima, mentir de manera patológica y emplear con maestría la manipulación y el engaño».

En cuanto al comportamiento afectivo de Chamba, Garrido destaca varias características, presentes en otros asesinos seriales: por un lado, la falta del sentimiento de culpa. Por otro, un rasgo fácilmente reconocible: la carencia de empatía y la existencia de emociones superficiales. Los psicópatas no suelen hacerse cargo de sus actos y son generalmente irresponsables a la hora de cumplir sus obligaciones. Muestran, además, impulsi-vidad, buscan la excitación permanente, no fijan metas realistas e intentan vivir a costa de los demás llevando una rutina exis-tencial que Garrido denomina como «vida parásita». En cuanto a sus relaciones sociales, suelen mostrar falta de autocontrol: es común que desde jóvenes presenten problemas de conducta que en algunos casos les lleva a la delincuencia juvenil. Asimismo, son versátiles en sus actividades delictivas y es frecuente que no cumplan con las condiciones que se les imponen bajo libertad condicional, si es que la obtienen.

Esto en cuanto a los psicópatas en general; ahora bien, los psicópatas integrados son mejores manipuladores, no necesi-tan vivir al límite y generalmente logran controlar sus impulsos, de modo de llegar a la adultez sin haber tenido problemas con la ley; aunque es común que presenten conductas ética y moral-mente cuestionables. Pero algunos, dice Garrido, «explotan con un gran acto de violencia en edad ya bien adulta, por una razón claramente precisa en sus mentes, generalmente buscando algo: dinero, sexo, mayor autonomía y poder... Si esa explosión vio-lenta exige la muerte sucesiva de varias personas estamos frente a un asesino en serie».

La descripción encaja a la perfección en este caso, hecho que atestiguan otras de las profesionales que describieron de forma minuciosa a Gilberto Chamba, la doctora Rosa M. Pérez, subdi-rectora del Instituto de Medicina Legal de Lérida, y la médica forense Alicia Loste.

En primer lugar, ambas especialistas afirmaron que no tenía ninguna enfermedad psiquiátrica mayor y que sus funciones psíquicas se encontraban dentro de parámetros compatibles con la normalidad. «Su capacidad intelectual y volitiva le permiten entender sus acciones y las consecuencias de sus actos», escri-bieron en su informe. De este modo, quedaba claro que el acu-sado del crimen podía enfrentar un juicio.

En cuanto a su personalidad, observaron que en ella:

> «Domina una baja resistencia a la frustración, una valoración del ego muy alta y ausencia de remordimientos y de sensación de culpa. (...) Tiene una vida sexual impersonal y trivial, compaginando diferentes relaciones a la hora sin que ello le suponga ningún malestar. (...). Afectivamente muestra emoción hacia su familia, relata los lazos emocionales que le unen a su entorno, y aunque en ocasiones se expresa tendiendo al llanto, su capacidad de transmisión afectiva denota frialdad. Su estado de ánimo en el momento de la entrevista es estable, no se evidencian ideas de muerte o ruina».

El mismo Garrido, como perito por la acusación, confirmó este diagnóstico: «El acusado presenta un perfil de psicopatía sexual integrada, con falta de empatía hacia sus víctimas y una profunda desviación sexual consistente en la necesidad de unir la satisfacción sexual por actos violentos, a la muerte».

Estaba claro, entonces, que la acusación se enfrentaba a un psicópata integrado que, tal como lo describió Garrido, se había convertido en un asesino en serie controlado, periódico, indetectable. O sea, en una «persona que mata a dos o más en diferentes momentos temporales, en una discontinuidad anímica que hace que los hechos sean independientes, es decir, que del crimen primero se derive un tiempo de vida normal o integrada que se romperá cada vez que vuelva a matar».

La información llegada desde Ecuador confirmaba esta teoría y permitía analizar el asesinato de Isabel en el contexto de los ocho crímenes anteriores. Aunque no le competiera ya a la Justicia, el público y los seres queridos de la víctima española se preguntaban dónde y por qué había comenzado todo este raid homicida. ¿Quién era realmente este hombre? ¿Cómo había surgido el asesino en él?

Capítulo 5

EL ASESINO
EN SU ORIGEN

«¿Es el mal algo que uno es?
¿O algo que uno hace?»
BRET EASTON ELLIS, *American Psycho.*

U na herida se reabrió en Ecuador cuando se supo que el sospechoso de violar y asesinar a la estudiante española de 21 años en Lérida, el 23 de noviembre de 2004, era el «Monstruo de Machala». Aún estaba fresco el recuerdo de las ocho jóvenes que Gilberto Chamba Jaramillo había matado entre 1988 y 1993, todas halladas en distintos poblados de la ciudad costera de Machala y Puerto Bolívar, abandonadas como si fueran basura. Y el recuerdo dolía. La noticia seguramente también conmocionó a aquella mujer, la única que se salvó de morir atacada por Chamba. La joven logró escapar de sus garras y pudo identificar el rostro y el coche de su victimario ante la policía, por lo que logró que el hombre fuera arrestado en 1993, poniendo término, momentáneamente, a una sed depredadora que generó una psicosis colectiva en Machala.

Chamba Jaramillo lo había hecho otra vez: diez años después de su raid salvaje en la provincia de El Oro, había abusado sexualmente y estrangulado a otra mujer. Y al igual que cuando

fue interrogado y juzgado en su país, Chamba insistió en su inocencia con una mirada indolente y desabrida, esgrimiendo que
se trataba de «una conspiración en su contra».

«No se imagina cómo sufrimos todo ese tiempo. Y nos dio más
rabia cuando nos enteramos de que el asesino estaba campante
en España, como si nunca hubiera hecho algo malo», declaró a
un diario de Quito la madre de Rosa Ibelia Benavides Román, una
de sus víctimas, al conocer la noticia de que la Fiscalía de Lérida
pedía 52 años de condena para el femicida de la estudiante de
Derecho. La hija de Lola Román, tal como Bascuñana, también
iba a la universidad y llevaba una vida tranquila en Ecuador, al
igual que el resto de las jóvenes que cayeron en manos de Chamba
(solo en dos casos atacó a mujeres de menor edad, 14 y 16 años).
Mujeres estudiantes y jóvenes, a quienes el asesino eligió como
víctimas conduciendo el taxi que manejaba en aquella época. Su
modus operandi era siempre el mismo: engañaba a las chicas con
su personalidad amable y conversadora, las llevaba a lugares
solitarios (algunas fuentes indican que a una casa), las estrangulaba y las violaba. Luego, simplemente abandonaba sus cadáveres, que quedaban con signos aberrantes de violencia al costado
de una vía alejada del poblado donde cometiera el crimen.

Pero, ¿quién era Chamba Jaramillo? Quienes le conocieron en
España le describieron como un hombre corriente, una persona
con dotes para la comunicación y con un gran poder de conven-
cimiento, incluso agradable. ¿Cómo llegó, entonces, a conver-
tirse en uno de los asesinos en serie más temidos del Ecuador?
Tal vez, hallemos las respuestas en sus primeros años de su vida.

Un niño querido
Gilberto Antonio Chamba Jaramillo había nacido en Macará, provincia de Loja, el 5 de octubre de 1961. Fue el cuarto hijo de una
prole de ocho, de una familia ecuatoriana en la que el dinero no
sobraba, pero tampoco faltaba a niveles extremos.

Y si había algo que abundaba en aquel humilde hogar era cariño, tal como Chamba admitió al ser interrogado por Vicente Garrido y Montserrat Salvador Salvans. «Una cosa que me gustó de Gilberto Chamba Jaramillo es que no quiso acusar a sus padres de nada, a diferencia de otros asesinos», señala Garrido en su libro *La mente criminal*, e indicó que el acusado guardaba buenos recuerdos de sus seres queridos y de sus años de infancia y juventud en Ecuador.

También de su padre, con quien el asesino dijo mantener una buena relación y hablar periódicamente por teléfono, y al cual calificó como «un buen tipo». Chamba no le guarda rencor a su progenitor, a pesar de que el hombre eligió quedarse en Macará con otra mujer cuando su esposa e hijos se mudaron a Machala. Su madre, por su parte, logró rehacer su vida sentimental años más tarde con una nueva pareja, cuando Gilberto tenía 26 años. «Cuando mi colega y yo le entrevistamos días antes de ser juzgado por el asesinato de Isabel Bascuñana fue muy amable y colaborador, y no tuvo reparos en asegurar que fue un niño querido por su familia», asegura el criminalista. Según Garrido, sin embargo, el relato de Chamba era el de «un superviviente» de las precarias condiciones de vida en las que creció y desarrolló su personalidad criminal.

Un país en caída libre

Desde que era un niño y luego de joven, en los años ochenta, Chamba fue testigo de los embates de la crisis económica que golpeaba a Ecuador y al resto de los países de América Latina. Un período que fue bautizado como la «década perdida» por la Comisión Económica para América Latina y el Caribe (CEPAL), organismo parte de la Organización de las Naciones Unidas.

Chamba era un hijo de su tiempo, un niño que vio cómo el tejido socioeconómico de su país se iba resquebrajando. Primero lentamente, al calor de la decadencia del modelo de industrialización vía sustitución de importaciones. Después, a ritmo vertiginoso.

Esta decadencia tuvo su hito en 1982, cuando el precio del petróleo se derrumbó en el mercado internacional y las tasas de interés de las deudas de los países latinoamericanos empezaron a subir abruptamente, a la vez que se cortaba el flujo crediticio desde el exterior. Dueño de una deuda externa que de un día para el otro creció de manera exorbitante, Ecuador empezó a aplicar políticas de ajuste que repercutieron en la calidad de vida de sus habitantes, castigados por la inflación, el desempleo creciente y la subocupación. En esos años el valor de la moneda ecuatoriana, el sucre, cayó estrepitosamente y surgió un fenómeno conocido como la «sucretización», que se instaló cuando, el 3 de marzo de 1982, el gobierno de Osvaldo Hurtado abandonó la paridad de 25 sucres por dólar y el Estado se hizo cargo de la deuda externa que el sector privado mantenía con la banca internacional.

No había salario que alcanzara, la devaluación era salvaje y se vivía una gran inestabilidad económica y social. En ese marco surgieron tropas guerrilleras como el grupo Alfaro Vive Carajo, y tras el intento de golpe de estado en Taura, en 1986, el gobierno de León Febres Cordero empezó a perseguir a los jóvenes, acusándoles de subversivos. De ahí en adelante, la economía en Ecuador, como en el resto de América Latina, tomaría el rumbo del modelo neoliberal.

Años de formación

Fue en ese contexto que Gilberto Chamba Jaramillo creció; aunque a él no le fue tan mal. Concurrió a la escuela hasta el penúltimo año de la secundaria, cuando entró al servicio militar con 19 años. Hasta ese momento, nada hacía pensar en que llegaría a ser un asesino, ya que nunca manifestó problemas de relación con sus compañeros ni fue apercibido por mala conducta o dio muestras de agresividad en el colegio.

Cumplió tareas militares en el Ejército de Tierra y durante seis meses combatió en una guerra no declarada con Perú, surgida a raíz de un conflicto por límites territoriales. Chamba estuvo a cargo de un mortero y nunca fue herido. La aventura en la milicia sedujo al joven, quien al término de sus años de recluta se enroló como soldado profesional y permaneció activo hasta los 26 años. En su época de soldado, en las que alcanzó el rango de cabo primero, Chamba obtuvo una serie de carnés de conducir profesionales que más tarde le sirvieron para emplearse como chófer, trabajo con el que empezaría su escalada femicida.

Alrededor de esos años, la violencia y los excesos empezaron a ser parte de su vida cotidiana. A pesar de que el acusado aseguró que en ese entonces solo bebía alcohol los fines de semana, según Garrido, también admitió que de vez en cuando participaba en peleas con la policía junto a sus amigos del Ejército. «Ellos estaban borrachos, pero yo no», dijo el acusado a su favor en sus declaraciones durante la investigación. «Pero esto es algo que tenemos que tomar con escepticismo, porque años después, cuando trabajaba de chófer, se emborrachó con su cuñado y se peleó con uno de los policías que había participado en esa refriega», señala el criminólogo en su análisis de este asesino en serie. Según el relato de Chamba, en esa oportunidad el agente llegó a encarcelarle, acusándole de haber robado y violado a la dueña del bar en el que había estado bebiendo, pero finalmente le liberó porque, según dijo, «estaba claro que yo no podía robar ni violar a nadie, porque estaba en el suelo tirado, completamente borracho». También en el Ejército fue parte de otro episodio violento, supuestamente cuando acompañaba a un amigo. «Era ladrón, y nos detuvieron. Yo no robaba. Pero a mí no me hicieron nada porque era militar. A él le maltrataron hasta matarlo», contó Chamba.

Asesino al volante

Cuando le dijo adiós a la vida militar, Chamba consiguió empleo como chófer en la empresa de autobuses de su madre.

En esos tiempos conoció una chica en Machala, llamada Marielita del Carmen Gálvez Aguirre, y se casó con ella en 1988. Tuvieron tres hijos: Jéssica Elisabeth, Winston Antonio y Paulette Deyanira. A poco de comenzar su matrimonio, la empresa de su madre se derrumbó, entonces empezó a conducir camiones de carga, propiedad de distintos parientes de su esposa Marielita. En ese tiempo, Chamba viajaba cada vez más frecuentemente y pasaba semanas enteras fuera de su casa. Siempre ocupado, nunca en el paro, en el momento en que la compañía de su madre empezó a tener problemas, el joven cambió de rubro y se sentó al volante de un taxi, con el cual, aseguró, que también fue proxeneta en los últimos dos años antes de ser detenido.

Según contó el acusado, su tarea consistía entonces en llevar en su vehículo a las trabajadoras sexuales de un lugar a otro, particularmente a un barco que recalaba en varias provincias, al que las chicas iban para drogarse y tener sexo con sus ocupantes. «Yo las cuidaba, me regalaban cosas, me acostaba con ellas cuando quería...». ¿Y su esposa? Era comprensiva, «porque allí manda el hombre», dijo, sobre el trato que reciben las mujeres en su país. Entre las chicas que Chamba señaló en su testimonio como muchachas que ejercían la prostitución de manera ocasional (y a quienes dijo que conocía muy bien, ya que las trasladaba y controlaba sus gastos), se encontraban varias de las jóvenes que luego aparecerían violadas y asesinadas.

El relato de su vida como proxeneta le sirvió a Chamba para victimizarse cuando fue acusado por las muertes y violaciones cometidas en Ecuador. Sostenía la teoría de que él era un chivo expiatorio y alegó que los crímenes habían sido cometidos por personas del poder a quienes cubrió, haciéndose cargo de sus culpas y cumpliendo una condena que no le correspondía. Teorías y argumentos exculpatorios que se repetirían. Las contradicciones son una constante en el discurso de este hombre, quien, a pesar haber confesado sus crímenes en distintas ocasiones (a

El 23 de novembre del 2004, avui fa 15 anys, hi va haver a Lleida un dels crims més execrables de les últimes dècades a Ponent. Gilberto Antonio Chamba, un assassí en sèrie, va violar i va assassinar Isabel Bascuñana, una jove universitària. Increïblement, havia estat regularitzat a Espanya malgrat haver matat vuit dones a l'Equador.

SUCCESSOS UN CRIM QUE VA COMMOCIONAR LLEIDA →

Els Mossos asseguren que si Chamba surt al carrer tornarà a violar i assassinar

Aquest assassí en sèrie va matar fa 15 anys l'estudiant Isabel Bascuñana a Cappont

A. GUERRERO
| LLEIDA | Avui es compleixen quinze anys d'un dels crims més atroços que s'han produït a Lleida. Isabel Bascuñana, una jove de 21 anys que estudiava dret al campus de Cappont de la Universitat de Lleida, va ser assassinada per Gilberto Antonio Chamba Jaramillo, llavors de 41 anys, vigilant del pàrquing de l'Illa de l'Oci. L'autor, que també va violar la víctima, era un assassí en sèrie que havia matat vuit dones més a l'Equador entre el 1988 i el 1993, crims pels quals només va complir vuit anys de presó. Increïblement, havia estat legalitzat per la subdelegació del Govern de Lleida l'any 2001, i va desaparèixer per error aquest horrorós historial delictiu. Conegut com el Monstre de Machala al país sud-americà, va ser condemnat a 45 anys de presó per haver matat i violat Isabel i intentar fer el mateix amb una prostituta. Empresonat a Quatre Camins, podria sortir al carrer a finals del 2029 perquè es va decretar que hauria de complir 25 anys de presó efectiva. Tanmateix, els Mossos auguren que no estarà rehabilitat i que, si surt lliure, tornarà a violar i a matar. "No és que ho cregui jo. És una certesa perquè s'ha demostrat. Ho va fer al seu país i, quan va estar aquí a Lleida, ho va repetir amb Isabel i ho va intentar amb una altra jove i una prostituta." Així ho explica Sergi Mesalles, subinspector dels Mossos i actual cap de la Unitat Territorial d'Investigació de Ponent. Mesalles va ser al capdavant d'una investigació que va permetre arrestar l'autor una setmana després del crim quan estava preparant la seua fuga malgrat la dificultat del cas.

L'última vegada que es va veure amb vida Isabel va ser a les 22.30 hores després de demanar un entrepà a l'Illa de l'Oci. Hores més tard, la seua família va iniciar la recerca.

LES CLAUS

45
ANYS DE PRESÓ

És la condemna que se li va imposar per l'assassinat i violació d'Isa per intentar-ho amb una prostituta.

25
ANYS DE PRESÓ EFECTIVA

Complirà, tanmateix, 25 anys de presó efectiva, per la qual cosa podria sortir al carrer a finals del 2029.

Sense antecedents tot i els seus 8 assassinats. Increïblement, va ser regularitzat a Lleida malgrat l'horrorós historial a l'Equador.

23-11-2004: desaparició
■ L'últim cop que es va veure amb vida Isabel va ser cap a les 22.30 del dimarts 23 de novembre del 2004 a l'Illa de l'Oci de Cappont. Va dir per telèfon a la seua mare que anava a comprar-se un entrepà per sopar.

24-11-2004: troben el cadàver
■ La família inicia la recerca i denúncia la desaparició als Mossos d'Esquadra. Familiars troben el seu cotxe, un Nissan Sunny, al carrer Ignasi Bastús de la Bordeta, i alerten la policia. Troben el cos sense vida d'Isa al maleter.

1-12-2004: detenció de Chamba
■ Els Mossos arresten Gilberto Antonio Chamba Jaramillo, llavors de 41 anys, com a presumpte autor de l'assassinat. Era el vigilant del pàrquing de l'Illa de l'Oci i les seues empremtes eren a les bosses d'escombraries amb què estava tapat el cadàver. El dia 25 va ser interrogat.

8-12-2004: Monstre de Machala
■ La policia confirma que és un assassí en sèrie i havia complert 8 anys de presó a l'Equador per la mort de 8 dones. Increïblement, va ser regularitzat sense que li constessin antecedents a l'expedient malgrat el seu horrorós historial.

LA VÍCTIMA

ISABEL BASCUÑANA ROYO
Edat: 21 anys

■ Isabel Bascuñana Royo tenia vint-i-un anys quan va ser brutalment assassinada. Tenia parella i era veïna d'Alpicat. Estudiava Dret al campus de Cappont de la Universitat de Lleida. Cursava assignatures de segon i tercer curs en el torn de tarda. Anteriorment, havia estudiat al col·legis Santa Anna i Claver. Els seus familiars i amics la descrivien com a extravertida, responsable i llesta.

Titular del diario *Segre*, 2019: «Los Mozos aseguran que si Chamba sale a la calle volverá a violar y asesinar». Gilberto Chamba es como cualquier asesino en serie, un psicópata que miente para manipular. Y lo logró. A tal punto, que aún en España gran parte de la opinión pública le defendió al inicio de la investigación por el crimen de Isabel.

la prensa y a la Policía, en Ecuador), insistió en negarlo todo cuando declaró ante el juez de Ecuador Óscar Solano Prendes. «Yo tuve a este hombre ante mí y nunca olvidaré su tranquilidad en los interrogatorios. Durante la instrucción, jamás confesó los hechos a pesar de las numerosas pruebas que le incriminaban. Es, sin duda, una persona enferma, un psicópata», dijo a *La Vanguardia* de España el magistrado, quien no dudó además en afirmar que no se había equivocado al condenarle; dado que, luego de su detención, no hubo más crímenes con las mismas características en su provincia.

A pesar de estar acostumbrado a ver desfilar en el banquillo a toda clase de delincuentes, Solano Prendes quedó impactado por un detalle físico de Chamba: las manos. «Eran muy grandes», señaló. Con esas manos enormes y fuertes como tenazas, el asesino no dio a sus víctimas ni la más mínima oportunidad de defenderse. Todas murieron por asfixia, muchas de ellas en las cercanías de una escuela o universidad, el coto de caza favorito de este depredador que tenía sus requisitos y predilecciones a la hora de elegir a sus víctimas: chicas muy jóvenes, estudiantes que caminaban solas por la calle, a quienes abordaba con su taxi y seducía con su amabilidad y carisma.

Sus ocho víctimas

Los crímenes del «Monstruo de Machala» tenían el sello de su autor: el mismo y exacto *modus operandi* en todos los casos. A todas las mujeres, las violó mientras les provocaba la muerte por estrangulamiento, y tras ello, muchas veces seguía abusando sexualmente de sus cadáveres. Cometido el hecho y saciada su sed, Chamba tiraba los cuerpos al costado de una vía alejada. Aunque algunas fuentes periodísticas cuentan que el descargo que Chamba ejercía sobre sus víctimas era todavía más brutal y macabro. En palabras de Fausto Terán, policía que participó en su captura, el asesino le confesó que no solo las penetraba

67

con su miembro, sino que las laceraba con un objeto punzante. «Prácticamente les ensartaba un instrumento similar a un bastón, que se había mandado fabricar expresamente», describió el policía al periódico *El País*.

Como si se tratara de un funesto y perverso regalo de bodas, fue en 1988, el año en el que se casó con Marielita, cuando Chamba empezó a matar. Su primera víctima se llamaba Dora Cecilia Cajamarca Ríos, era universitaria, y en el barrio de Santa Elena, en Chavala, la recuerdan como una jovencita de piel trigueña, regordeta y de cabello oscuro, que había sido coronada como la «reina del barrio». Dicen que Chamba la conoció así, orgullosamente vestida con sus galas de princesa de pueblo, y quedó prendado de ella.

Tal como relatan las crónicas de los diarios locales, una noche de junio de ese año la chica se subió al taxi de Chamba. Él la invitó a comer trozos de sandía y, acto seguido, le propuso tener relaciones sexuales a cambio de pagarle con una cadenita de oro. Y como la muchacha se negó ante el ofrecimiento, simplemente, la mató. El caso de Cajamarca Ríos fue seguido por el Juzgado 3º de lo Penal de El Oro. Chamba, que conocía a la familia de Dora, tuvo la sangre fría de presentarse en el funeral y de dar el pésame a los padres. Algunos medios indican que Chamba contaría más tarde que pocos días después del entierro se dirigió a una iglesia y prometió que caminaría hasta la Basílica de la Virgen de El Cisne como muestra de arrepentimiento. Con intención de purgar sus pecados, el asesino relataría que incluso pasó por el confesionario y relató el crimen a un sacerdote. Pero Gilberto, que por entonces era un joven de 27 años del que nadie sospechaba, era un asesino en serie al que la culpa no hirió nunca con sus débiles armas. Chamba volvería a matar y a violar a siete muchachas más antes de su detención en Ecuador.

Cometió el siguiente femicidio tres años después, en octubre de 1991. Según algunas fuentes, la nueva víctima, de nombre

Grace Carmita Huanca Suárez, era amiga del criminal. La chica desapareció de su casa y encontraron su cadáver recién un mes más tarde, en avanzado estado de descomposición. Al parecer, Chamba la invitó a cenar y luego la ahorcó y vejó sexualmente. Como la primera vez, también tuvo el coraje y el sadismo de ir a la ceremonia fúnebre y de mostrarse compungido ante sus progenitores. «Muchas madres de las víctimas lo conocían como un hombre tranquilo y educado que había acudido a los velorios con pesadumbre», dijo el policía ecuatoriano Fausto Terán, sobre esta actitud repetida de Chamba.

La compulsión asesina del «Monstruo de Machala» volvió a despertar casi un año más tarde, en agosto de 1992, cuando la estudiante Rosa Ibelia Benavides Román se cruzó en su camino, en el barrio Centenario de Machala. También murió asfixiada y Chamba la violó.

En noviembre de ese mismo año, lo intentó de nuevo: atacó a Rosa Maza, pero la joven logró sobrevivir. Según relató el periodista y escritor leridano Ferran Grau en su libro *L'hivern del coiot*, Maza era una prostituta muy corpulenta y logró escaparse a tiempo. A partir de ese momento, todo se aceleró: a principios de diciembre de ese año, Chamba se cobró una nueva víctima, Teresa Narcisa Pesántez Aucay, una adolescente de 14 años que le pidió al taxista que la llevara a una lujosa residencia en Machala. Teresa nunca llegó, murió estrangulada por las enormes manos de Chamba.

El 16 de enero de 1993, Julia Fátima Parrales Suárez (algunos medios la nombran como Miriam Parrales) también encontró la muerte a manos de Chamba y del mismo modo que las víctimas anteriores. En el mes de marzo, la situación se descontroló para el asesino, que entró en una vorágine sin respiro. Primero, asesinó a Mariana Elisabeth Muñoz Zambrano, a quien siguió Mercy Marlene Rodríguez Farías, directora de la banda musical del colegio Simón Bolívar, en Quito, quien tuvo la mala suerte de detener el coche conducido por el asesino y quedarse dormida en pleno viaje; nunca despertó. El año terminó con otra muerte, y Chamba acabó con la vida de Sara Enderica Briones, de solo 16 años.

Un mar de contradicciones

¿Cuál era el móvil de este asesino en serie? ¿Qué razones le llevaban a matar y a hacerlo de modo tan cruel? Según dijo a *La Vanguardia* uno de los agentes de la Policía Judicial de Machala que participó en la investigación, el sargento Mendoza, el «Monstruo» se desquitaba con estas chicas porque no se atrevía a hacerlo con su pareja. «En alguna de sus declaraciones confesó que cuando estaba en su casa, con su mujer, tenía la tentación de matarla. Pero ahí estaban sus hijos y entonces se echaba atrás. Por eso buscaba a sus víctimas fuera de su domicilio».

Por fin la escalada del femicida encontró un escollo: el 7 de abril de 1993 abordó a Delia Villavicencio, pero la mujer pudo escapar, aunque según testimonios reproducidos por Grau en su libro, no salió indemne: «Sólo sé que le cogí el cuchillo y pude salvar la vida. Debieron coserme la mandíbula, el cuello y el pecho después de ser atacada».

La carrera delictiva de Chamba en Ecuador terminó pocos días después, el 19 de abril de 1993, cuando fue detenido en El Oro tras el ataque frustrado. Delia había denunciado los hechos y más tarde reconoció su rostro y vehículo ante la policía local.

El autor de tantas atrocidades había sido atrapado, pero en un principio incluso algunos de los agentes que le capturaron dudaban de que realmente fuera el asesino. Para ponerlo a prueba, algunas fuentes aseguran que los policías intentaron confundirle llevándole a sitios alejados de los crímenes. Sin embargo, Chamba les corregía y les indicaba exactamente los lugares donde había perpetrado sus actos.

Sin embargo, la colaboración del asesino duró poco. Apenas fue apresado, el hombre empezó a contradecirse. «Lo hice por sentir el placer de estrangularlas. A algunas ni siquiera las violé», confesó Chamba ante la Policía, y explicó que, primero con un camión bananero y después con un taxi, llevaba a sus víctimas a las carreteras, donde las mataba. Respecto a las armas que utilizó, señaló: «Solo usé mis manos y a veces parte de la ropa que ellas tenían». En otras declaraciones a la prensa ecuatoriana, Chamba detalló su procedimiento: «Primero les ponía una mano en la boca, la otra en la garganta y así las mataba, pero para asegurarme luego las ahorcaba con una cuerda o un alambre».

Años más tarde, ya en España, Chamba se proclamó inocente de todos estos crímenes. Frente al psicólogo forense Vicente Garrido, justificó su postura al sostener que nunca tuvo la necesidad de violar a nadie, porque las chicas «se acostaban conmigo cuando quería». El asesino negaba ahora tajantemente su participación en los hechos. Poco importaban la condena judicial en Ecuador o las muchas páginas con detalles escabrosos que la prensa había publicado sobre sus crímenes.

Pero Chamba no era el único en esgrimir su inocencia. Aunque hoy nos parezca increíble, buena parte de la opinión pública también le defendió al inicio de la investigación en España. Incluso hubo gente que nunca creyó en su culpabilidad, como Wilson Guzmán, hermanastro de su primera víctima, Dora Cajamarca Ríos. Tal como consigna Garrido, la teoría que el propio asesino alegaba en su defensa se basaba en que las mujeres habían sido asesinadas por un ajuste de cuentas relacionado con las drogas. Los culpables eran otros; él era inocente y para proteger a los verdaderos responsables, habían inventado que Chamba era un asesino y un violador. ¿Quiénes? Según el acusado señaló, había en Ecuador una trama de corrupción policial y judicial que protegía a las personas del poder, los auténticos asesinos, y que habían encontrado en Chamba al candidato perfecto para hacer pasar por criminal.

En esta dirección se inclinaba el comisario Eduardo Reyes Palma, quien fue apartado del caso cuando se dispuso a investigar denuncias de diversos testigos que indicaron que conocían a los asesinos de las chicas. Entre ellos aparecía el del hijo del gobernador de El Oro, Franco Egirio, y el de Wilson Lara, cuyo padre era un acaudalado empresario hotelero del lugar que, al parecer, había sido novio de la primera víctima. También, el de Pablo Rojas, hijo de un militar retirado de alto rango. «Ni siquiera conocía a tres o cuatro de las mujeres asesinadas», dijo Chamba. ¿Y por qué confesó, entonces? «Me torturaron, me condenaron sin pruebas... A las reconstrucciones me llevaron vendado y drogado... Decía que sí a todo», insistió victimizándose antes el experto criminólogo.

De hecho, la primera vez que el acusado fue llevado a declarar ante el juez, puertas afuera del Palaciode Justicia de Machala se concentró una multitud que manifestaba opiniones divididas. Mientras unos clamaban por su liberación, asegurando que la policía le había presionado bajo tortura para que se declarara culpable, otros exigían justicia por las víctimas y castigo para Chamba.

Chamba ingresó en la Cárcel de Machala el 23 de abril de 1993 y el 5 de julio de 1997 fue trasladado a la de Zaruma, según registros de la Dirección Nacional de Rehabilitación Social. Él mismo solicitó el cambio por problemas con otro interno, probablemente Luis Masache Narváez, quien cumplía condena por haber violado y estrangulado a 35 mujeres en Guayaquil durante los años ochenta. Gilberto no guardó recuerdos tortuosos de su vida tras las rejas en su país natal. Tal como contó a Garrido, al margen de la tensión que había surgido con el otro recluso, siempre recibió muy buen trato en prisión. Especialmente, de parte de las autoridades del penal, debido, según él, a su firme decisión de no delatar a los auténticos culpables: «Yo me hice cargo de todo», fueron sus palabras. Durante esos años, Chamba Jaramillo fue un recluso de bajo perfil y buena conducta que aprovechó para aprender ebanistería, oficio que le permitió obtener algo de dinero para mandar a su esposa y a sus hijos.

El 29 de julio de 1997, el Tribunal Segundo en lo Penal de El Oro le condenó a 16 años de reclusión mayor extraordinaria, pero Chamba solo cumplió la mitad de la pena, ya que fue beneficiado con la Ley 2x1, que le dejó en libertad y con su ficha impoluta, el 18 de octubre del año 2000.

«La Ley 2x1 es un marco que hubo en un país donde las cárceles estaban sobresaturadas, eran un desastre», explicó Francisco Sapena, abogado de la acusación en la causa por la muerte de Isabel Bascuñana. La sobrepoblación en las cárceles ecuatorianas era tan grave y las condiciones de vida tan denigrantes que la propia Iglesia salió a apoyar esta ley en el año del Jubileo, amnistía que permitió la libertad de Chamba a los ocho años de condena: uno por cada mujer que asesinó.

Así fue como, a las tres semanas de salir de la cárcel y sin falsificar ningún documento, Gilberto Antonio Chamba Jaramillo obtuvo en la Policía Judicial su Certificado de Antecedentes Personales número 18.407.224, que rezaba «No registra antecedentes». Con este documento, el asesino consiguió su pasaporte legal para empezar una nueva vida en España, donde arribó el 9 de noviembre de 2000, tras pasar por Ámsterdam, Países Bajos. Comenzaría así una nueva vida, aunque su pasado no tardaría en alcanzarle.

Capítulo 6

EL FUTURO DEL «MONSTRUO»

«Los asesinos no son monstruos, son hombres.
Y eso es lo más aterrador sobre ellos.»

ALICE SEBOLD, *Desde mi cielo.*

Chamba llegó a España y allí lo esperaban dos de sus hermanas. Pronto se instaló en Lérida donde, según consta en el libro de Garrido, también vivía un hermano, además de que tenía otra hermana viviendo en Cataluña, en Gerona. Se cree que la primera en llegar fue una de las mujeres y que con su trabajo ayudó a pagar los gastos de la defensa de Gilberto por las causas en Ecuador. Su mujer, Marielita, que le había apoyado y acompañado durante su estancia en prisión, se quedó en Ecuador y después de un tiempo, armó otra pareja. Años más tarde, le pidió el divorcio de manera unilateral.

Chamba consiguió sus primeros trabajos y se estableció en la zona. Al poco tiempo vino a vivir con él una nueva pareja, una mujer pobre que había conocido en Ecuador, con la que tuvo una hija. Dos de sus hijos de su primer matrimonio, Jéssica Elisabeth y Winston Antonio, de 21 y 18 años, llegaron pronto a España. Finalmente, arribó otra joven desde Ecuador, una chica que conocía desde hacía años, para ayudar en los quehaceres de la casa y el cuidado del bebé.

Un vecino contó su opinión sobre Chamba al periódico *El Mundo*, de España: «Llevaba viviendo aquí cuatro años. A veces salía conmigo y piropeaba a las chicas que pasaban. Nada fuera de lo normal. Vivió con varias mujeres, pero no sabíamos qué tenía con ellas, era muy reservado con su vida personal». El artículo también señala que Chamba era el hombre a quien todos los vecinos pedían que hiciera pequeños arreglos en sus casas y que, además, ayudaba con su compra a una vecina anciana. Un buen muchacho.

Y trabajador, además. Como en Ecuador, Chamba se fue adaptando a las circunstancias y consiguió distintas ocupaciones: Garrido enumera que fue empleado de mantenimiento y limpieza de un hostal sobre la carretera de Lérida a Zaragoza, en una carpintería de Mollerusa, en los remontes del centro de esquí de Port Ainé, en la construcción en Lérida, en una empresa de montaje de ventanas en obras, en las obras del AVE y, finalmente, en el aparcamiento de la nueva zona universitaria de Lérida. Este trabajo duró solo por espacio de dos meses, luego sería acusado por el asesinato de Isabel Bascuñana.

El criminólogo afirmó que, aunque no eran tareas de gran especialización, el ecuatoriano se desempeñaba bien y no tenía problemas. Cada vez que se marchaba de una empresa, lo hacía porque le pagaban poco o porque se había cansado de la tarea. «Por trabajar me adapto donde sea», le dijo Chamba. El diario *La Hora*, de Ecuador, en cambio, publicó que «durante el interrogatorio de la fiscal asumió haber tenido problemas en algunos [de sus trabajos], como en un hostal, donde tuvo un «asunto por una pistola». Como sea, lo cierto es que logró instalarse con éxito en Lérida, que se integró sin problemas a la vida diaria del barrio y la ciudad, que pudo emplearse y mantener a su familia y que llevó una vida aparentemente tranquila y ordenada durante un tiempo, hasta que sus deseos de matar despertaron.

El asesino dormido

Sabemos por los propios dichos de Chamba a Garrido y por las investigaciones realizadas por la policía de Lérida que el asesino, tal como lo hacía en Ecuador en su momento, solía relacionarse con prostitutas en la zona del hotel Jamaica y también tener relaciones ocasionales con otras mujeres fuera de su pareja. En su nueva vida en España, volvió a armar un escenario de vida similar al que tenía en Ecuador.

Es imposible saber qué sucedía por ese entonces en su interior, qué fantasías deambulaban como fantasmas por su mente, qué sucedía con su pulsión asesina. Quizá sus encuentros extramatrimoniales le proveían el descargo suficiente. Los especialistas definen a los asesinos en serie partiendo, como es obvio, de sus crímenes (al menos dos o tres, según qué bibliografía se consulte) y también, por los llamados «períodos de enfriamiento», como se los denomina técnicamente.

En una entrevista realizada por la página web *Webconsultas, Revista de salud y bienestar*, Garrido los definió claramente:

> «El asesino en serie (...) comete sus crímenes de una manera ocasional, en el marco de una vida convencional. Eso significa que entre una acción y otra hay lo que se conoce como un "periodo de enfriamiento", y que toda la activación emocional que dio lugar a la acción criminal finaliza. El sujeto puede tener sus trofeos, sus recuerdos, etcétera, pero se integra en su vida convencional, de tal manera que esa actividad criminal puede prolongarse durante meses o años».

En este paréntesis, el asesino recupera lo que se llama su «funcionamiento psíquico cotidiano». No hay acuerdo en cuanto a la duración que pueden tener estos lapsos de calma. En Chamba, aparentemente, podría haber sido bastante extenso, un hecho que se ha visto en otros asesinos en serie del mundo: por ejemplo, Dennis Rader (apodado el «Asesino BTK»), cometió al menos 10 crímenes en un lapso de veinte años y vivió durante este período como un hombre común y corriente, casado y con hijos, además de muy activo en su comunidad.

El periodista ecuatoriano Alberto Chávez Cruz dio su opinión sobre estas cuestiones a *El Periódico de Aragón*: «Lo tenía todo. Cumplió condena en Ecuador. Llevaba una nueva vida en España, con su familia y un trabajo. Pero hay algo más fuerte en él que le empujó a volver a matar, y fíjese, de la misma manera». Garrido señala algo similar en su libro *La mente criminal*: «Cuando mi colega Montse Salvador y yo entrevistamos a Chamba, sus modales eran exquisitos. Este convicto por matar y violar a una joven en Lérida es un ejemplo dramático de cómo los asesinos seriales pueden adaptarse a diferentes épocas y sociedades y después emprender de nuevo su carrera homicida. Una vez que se sintió seguro tras su fachada de buen trabajador, emergió el psicópata sexual».

Si nos atenemos a los hechos probados, este impulso se hizo realidad con su ataque a la joven prostituta rumana que luego declararía en el juicio. Sin embargo, en el momento de su detención, los Mozos de Escuadra sospechaban que, además, podría haber cometido algún otro asesinato con anterioridad al de Isabel. Cerca de dos meses antes de su muerte, se había hallado en Vigo el cadáver de Sara Alonso, de 24 años, en un campo, oculto bajo una lona. A pesar de que se contaba en ese momento con un sospechoso firme detenido, las autoridades no descartaban la participación de un segundo atacante y Chamba era uno de los candidatos. Según se había constatado, Chamba había viajado por la zona de Vigo en fechas cercanas a la desaparición de la joven. Estos hechos nunca pudieron probarse ni se encontraron restos biológicos o huellas que vincularan al «Monstruo de Machala» con el crimen, por lo que la sospecha fue desestimada.

Chamba durante el juicio. El 19 de octubre de 2006, 120 periodistas, fotógrafos y particulares abarrotaron la sala. Los abogados de la familia de Isabel, María Josep Soler y Francesc Sapena sostuvieron que Chamba era un asesino peligroso al que había que mantener en prisión todo el tiempo posible. Teresa Collado, su defensora, renunció pocos días antes y fue sustituida por Lluís Aldomà, para quien las evidencias eran solo circunstanciales.

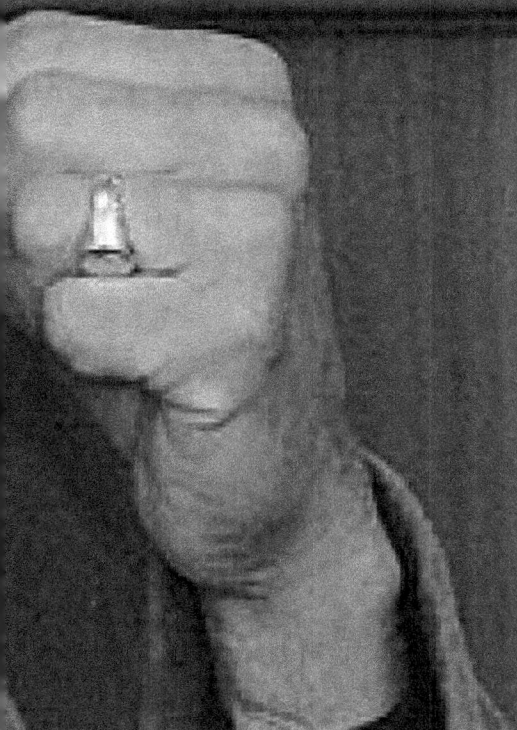

TRIBUNALS UN JUTGE EL VA DEIXAR EN LLIBERTAT

Un pederasta de Cervera que va reconèixer que sent "atracció per nenes" i que ha abusat de diverses menors no podrà ser jutjat perquè ha estat expulsat al seu país (Hondures) abans del judici. Un jutjat de Cervera el va deixar en llibertat i va autoritzar el Govern perquè l'expulsés. La fiscalia ho va recórrer i va demanar presó, però quan el recurs va arribar a l'Audiència, el pederasta, que podia enfrontar-se a una petició de 19 anys de presó, ja era al seu país.

L'acusat va ser repat
un mes després de la
seua detenció.

Un pederasta de Cervera, impune al ser expulsat al seu país abans del judici

Va confessar que sentia atracció "cap a nenes" i que havia fotografiat nua la seua fillastr

M.A.M./J.G.
| CERVERA | La justícia no podrà asseure al banc dels acusats un veí de Cervera acusat de pederàstia perquè el Govern central l'ha expulsat d'Espanya abans de la celebració del judici, en què podria haver-se enfrontat a una pena de fins a 19 anys de presó. El jutjat de Cervera que va instruir el cas va deixar en llibertat l'imputat, encara que en la seua declaració judicial aquest va reconèixer que sentia "atracció de caràcter sexual cap a nenes menors d'edat".

També va confessar haver fet fotografies del cos nu de la filla menor d'edat de la seua companya sentimental. Malgrat això, el jutjat d'instrucció número 1 de Cervera va ordenar la seua posada en llibertat i el seu ingrés en un centre d'internament d'estrangers de Barcelona. Després, el Govern central, en un tràmit inusualment ràpid (20 dies), el va expulsar al seu

REPATRIACIÓ
La fiscalia va recórrer la posada en llibertat, però l'Audiència no va tindre temps d'empresonar-lo perquè havia estat repatriat

país natal, Hondures. Quan la fiscalia de Lleida va recórrer la llibertat de l'acusat, aquest ja es trobava de tornada al seu país. Després, l'Audiència de Lleida va reconèixer que es podria haver ordenat el seu ingrés a la presó "per garantir la seua presència en el judici i evitar el risc de reiteració delictiva", però llavors ja no era a Cervera.

Els fets es remunten al passat mes de febrer. Els Mossos d'Esquadra van detindre un veí de Cervera de nacionalitat hondurenya per tindre fotografies pedòfiles al telèfon mòbil i a l'ordinador. En la seua declaració judicial, l'acusat va sorprendre els agents amb una detallada explicació de les seues "atraccions sexuals".

Va reconèixer que havia fotografiat la filla de la seua companya sentimental de cintura cap avall. Va guardar les fotografies a l'ordinador, on van ser vistes per altres persones sense el seu permís. També va confessar que en algunes ocasions ha

UN ALTRE ERROR DE L'ADMINISTRACIÓ

Gilberto Antonio Chamba, en un moment del judici, en què va ser condemnat a 25 anys de presó efectiva.

El Govern no es va assabentar de l'entrada a Espanya de l'assassí en sèrie Chamba

■ Es dóna la circumstància que l'any 2001, el Govern central no es va assabentar de l'entrada al país de l'assassí en sèrie equatorià Gilberto Antonio Chamba, condemnat per vuit crims al seu país. No només no se'n va assabentar, sinó que el va legalitzar. L'any 2003, aquest home va intentar matar una prostituta de Lleida i el 2004 va assassinar la universitària d'Alpicat Isabel Bascuñana. El Govern li va renovar els papers en dues ocasions: el 2004 i el 2006. En l'última, tothom

sabia que era un assassí en sèrie condemnat per vuit crims al seu país, i en aquell moment es trobava a la presó de Lleida per la mort d'Isabel Bascuñana. Posteriorment, Chamba va quedar definitivament legalitzat a Espanya, encara que haurà de complir 25 anys de presó efectiva per l'assassinat de Bascuñana. Els errors administratius registrats en aquest cas van motivar que el mateix Govern indemnitzés la família Bascuñana amb 236.000 euros. En aquest cas, l'error va ser exclu-

sivament governatiu. En el del pederasta de Cervera expulsat abans del judici, el possible error, en el supòsit que hagi existit, caldria atribuir-lo a l'autoritat judicial. En concret, al jutge de Cervera que va autoritzar l'expulsió del pederasta malgrat els càrrecs policials d'abusos sexuals i pornografia infantil que pesaven contra ell. Aquesta autorització ha impedit que el pedòfil confès de Cervera pagui pels presumptes delictes comesos en aquest país.

confessió, el titular del jutjat d'instrucció número 1 de Cervera el va deixar en llibertat. Immediatament, la fiscalia de Lleida ho va recórrer i va sol·licitar el seu ingrés a la presó. I

quatre a vuit anys de presó); un delicte de descobriment i revelació de secrets (fins a quatre anys de presó) i un delicte de possessió de material pedòfil

(fins a un any de presó). Però quan el recurs de la fiscalia va arribar a l'Audiència de Lleida, l'acusat ja es trobava a milers de quilòmetres de distància. El passat 5 de març, l'imputat va ser expulsat al seu país. De fet, va poder ser repatriat perquè era en un centre d'estrangers, ja que a la presó, per a l'expulsió la llei obliga que la possible pena sigui inferior a 6 anys. L'Audiència afirma en una resolució que "el jutjat instructor

pot adoptar les mesures que timi necessàries en el cas q l'imputat torni de nou a Esp nya". Probablement no ho fa mai, ja que es podria enfront a una petició de fins a 19 an de presó. Mentre, els Moss miren de recuperar el mater pedòfil de l'ordinador de l'ac sat. De fet, bona part de la criminalitat només es sustent se en les seues pròpies declara cions. Però el cas quedarà i pune.

El diario leridano *Segre* da cuenta de que «El Gobierno no se había enterado de la entrada a España del asesino en serie Chamba», hecho que provocó entonces gran conflicto político.

Altres casos

QUATRE ARRESTATS
Una xarxa va caure per una denúncia a Lleida

■ El passat mes de maig, la Guàrdia Civil va desmantellar una presumpta xarxa de pornografia infantil després de dos denúncies rebudes a Lleida i Vielha. Els agents van detindre quatre homes i en van imputar tres.

EN TRES DISCOS DURS
Material pedòfil a Balaguer

■ La Policia Nacional va arrestar el passat mes de maig un veí de Balaguer com a presumpte membre d'una xarxa que distribuïa material pedòfil a través d'Internet. Els agents li van decomissar tres discos durs.

UN VEÍ DE SERÒS
A judici per tindre 900 arxius 'porno'

■ Un jove de Seròs de 21 anys es va asseure al març al banc dels acusats per la tinença de 900 arxius pedòfils que la Policia Nacional li va trobar a l'ordinador. El jove va ser arrestat al novembre del 2007 juntament amb el seu pare, que en va ser expulsat.

'OPERACIÓ CARRUSSEL'
Cinc arrestats a Ponent al desembre

■ El passat mes de desembre, la Guàrdia Civil i la Policia Nacional van arrestar cinc lleidatans per formar part d'una xarxa que distribuïa material pedòfil en l'*operació Carrussel*.

Para el momento en que asesinó a Isabel Bascuñana, está claro que el asesino en serie estaba nuevamente en acción y a toda marcha. Antes de concretar su ataque, sus ideaciones ocupaban seguramente gran parte de sus fantasías. Gracias a los extensos interrogatorios que realizó la policía, pudo saberse que muchas de las estudiantes que dejaban sus coches en el estacionamiento donde trabajaba Chamba habían recibido las mismas llamadas que Isabel, aquellas intimidantes en las que nadie hablaba. Algunos medios incluso dijeron que las jóvenes habían escuchado frases obscenas al atender sus teléfonos. Se comprobó que el asesino pedía los números a las chicas con el pretexto de comunicarse con ellas si pasaba algo en el estacionamiento.

El juicio

Con Chamba en prisión, las partes acusadoras —la fiscalía y la acusación particular— fueron presentando sus declaraciones y escritos, lo mismo que la defensa. Mientras tanto, el acusado insistía en su inocencia, a pesar de que pronto fueron apareciendo las pruebas irrefutables que pesaban en su contra, en especial, el análisis de ADN extraído del cuerpo de la víctima.

Como ya señalamos, en distintas instancias, Chamba fue declarando ante las autoridades judiciales y siempre mantuvo su inocencia. Adujo, como lo hizo frente a los peritos, que no conocía a Isabel, que nunca había estado con ella y que incluso no era culpable de los delitos por los que fue preso en Ecuador. Según él, había confesado bajo tortura. Su hija Jéssica declaró del mismo modo cuando fue consultada por el periódico *La Vanguardia*: «Confesó después de que le amenazaran con matar a toda su familia si no admitía la autoría de estos crímenes».

El juicio comenzó 19 de octubre de 2006 y despertó un enorme interés mediático, tanto nacional como internacional. 120 periodistas de 28 medios distintos, junto con fotógrafos y algunos particulares se reunieron en una sala abarrotada. Los abogados que representaban a la familia de Isabel, Maria Josep Soler y Francesc Sapena, consideraron que «las pruebas objetivas que hay en el sumario son sólidas y las de indicios, abrumadoras». Además, pusieron en primer plano las evaluaciones psicológicas para asegurar que Chamba era un asesino peligroso al que había que mantener en prisión todo el tiempo que se pudiera. La abogada Teresa Collado, que había seguido la defensa de Chamba, renunció unos días antes del juicio. Su nuevo abogado, Lluís Aldomà, argumentó, por su parte, que las evidencias eran todas circunstanciales.

En los registros fílmicos de las audiencias, se ve a la fiscal expresarse en forma muy directa y tajante: «¿Es verdad que usted la agredió, que fue usted quien la agredió sexualmente, la penetró, luego la estranguló, la cargó en el maletero del vehículo y la abandonó en La Bordeta?». Ante estas preguntas directas sobre su culpabilidad o inocencia, Chamba, con voz algo tenue y tranquila, contesta: «No, no señora, yo no la conocía. Ni conocía a su vehículo ni a ella». Más adelante, esgrimiría su estrambótica teoría acerca de cómo había llegado su semen al cuerpo de Isabel.

La fiscal pidió para Gilberto Chamba Jaramillo una pena de 52 años de prisión por el asesinato y violación de Isabel y el intento de asesinato y violación de la prostituta que pudo escapar del ataque. La acusación particular, de acuerdo con la fiscal, añadió también el pedido de tres años de cárcel por falsedad documental, ya que consideraban que el acusado había mentido a las autoridades españolas al tramitar sus papeles de residencia. La defensa, por su parte, solicitó la absolución.

El 7 de noviembre de 2006, casi dos años después de que Gilberto Antonio Chamba Jaramillo fuera detenido, la Audiencia de Lérida le condenó a un total de 45 años de prisión: 20 años, por el asesinato de María Isabel Bascuñana; 12 años, por la agresión sexual a Isabel; nueve años de prisión, por el intento de asesinato de la prostituta rumana y tres años, por el intento de agresión sexual. Al mismo tiempo, fue absuelto del cargo de falsificación de documentación. Asimismo, se indicó que Chamba debería indemnizar a la familia de Isabel y que la empresa que le contrató para trabajar en los cines y el aparcamiento, el Grupo Antres Generales, se haría cargo como responsable civil de esta indemnización.

La sentencia del tribunal consideró probados los hechos investigados minuciosamente y así lo hizo constar:

«Alrededor de las 22.30 horas del mencionado día y cuando Isabel se disponía a retirar su vehículo, Gilberto Chamba —que se encontraba desempeñando sus funciones de controlador del aparcamiento dentro de su horario laboral— la abordó sirviéndose de la circunstancia de ser empleado de la empresa que gestionaba el aparcamiento, con una excusa o pretexto que no ha podido ser acreditado. Tras ello, y en un momento determinado, para evitar ser descubierto por los gritos de auxilio que ella pudiera emitir, le tapó fuertemente la boca con la mano y la trasladó a la fuerza a la planta sótano del aparcamiento, emplazamiento más solitario y oscuro, justo en el lugar donde tiempo antes se había instalado una cadena que impedía el acceso a posibles usuarios a una zona sin salida y vetada al paso de vehículos. Allí, con la intención de satisfacer sus instintos libidinosos [esta expresión se utiliza para describir la agresión sexual], colocó un trapo blanco atado con un nudo alrededor del cuello de Isabel. Ello le permitía oprimir con mayor seguridad esa zona de su víctima, aumentando sus padecimientos e impidiendo que la misma pudiera defenderse o pedir auxilio. Con el uso de esta fuerza, y siempre en contra de su voluntad, la

Gilberto Antonio Chamba Jaramillo es detenido por los *Mossos d'Escuadra* después de matar a Isabel Bascuñana.

desnudó y la penetró al tiempo que apretaba fuertemente el trapo anudado en el cuello de la joven, llegando a eyacular. Tal fue la fuerza que empleó que acabó con la vida de María Isabel por asfixia. Seguidamente, colocó la ropa al cuerpo sin vida y, sin despojarlo del trapo anudado al cuello, lo introdujo en el maletero del vehículo de la propia víctima y lo tapó con bolsas de basura negra para, a continuación, conducir el citado automóvil hasta la calle Ignasi Bastús, donde a la altura del número 21 lo estacionó, abandonándolo con el cuerpo en el interior».

La sentencia consideró que las pruebas eran contundentes en cuanto al asesinato y que estaba claro que se había producido una agresión sexual y no una relación consentida, ya que la autopsia realizada al cuerpo de Isabel mostraba lesiones compatibles con violencia o intimidación y otras que evidenciaban que la joven se había defendido del ataque.

Además, consideró probadas las acciones de Chamba en contra de la prostituta rumana y aclaró que la joven tenía derecho a poner límites o negar sus prestaciones, incluso en el marco de una transacción comercial y de un consentimiento previo; es decir, aclarando que el acusado era culpable del delito de violación, aunque su víctima fuera una prostituta.

Aunque la defensa interpuso un recurso, este no prosperó: el Tribunal Supremo confirmó la sentencia impuesta a Chamba, pero liberó de responsabilidad civil a la empresa que le había contratado.

La sentencia indicaba asimismo que el asesino no podría residir ni visitar Lérida ni sus alrededores durante los diez años siguientes al cumplimiento de la condena, ni tampoco aproximarse ni comunicarse con la familia de la víctima. Además, recomendó que una vez cumplida la condena, Gilberto Chamba Jaramillo fuera expulsado de España.

Causas y consecuencias

A pesar de que la familia y la opinión pública se conformaron con la condena que le aplicaron a Chamba, quedaba pendiente aún el hecho de que el hombre había podido ingresar a España sin problemas. La familia de Isabel estaba convencida de que ese era un punto clave y de que alguien debía hacerse responsable, ya que consideraba que constituía el punto inicial del hecho criminal: si Chamba no hubiera entrado a España, Isabel estaría viva.

Los reclamos de los allegados a la víctima se mezclaron así con acusaciones políticas de distintas posiciones, que se culpaban entre sí por no haber actuado con responsabilidad o de tomar el caso con fines partidarios y aprovecharse de las circunstancias para ganar votos de apoyo. Incluso hubo pedidos de informes en el Parlamento.

En 2008 el gobierno español determinó que la familia Bascuñana debía recibir una indemnización de 236.000 euros del Ministerio del Interior y reconoció así que cometió un error al legalizar la situación de Gilberto Chamba Jaramillo, ya que no se comprobó si poseía antecedentes penales en su país de origen. El padre de Isabel, Vicente Bascuñana, expresó en ese momento su satisfacción: «El dinero es lo de menos. Lo que importa aquí es que por fin hay alguien que reconoce que no se hicieron bien las cosas y que asume alguna responsabilidad», dijo a *El Periódico de Catalunya*.

Presente y futuro

Cuando Garrido y su colega entrevistaron a Chamba en la cárcel le encontraron tranquilo y adaptado a sus nuevas circunstancias:

> «En la cárcel de Ponent de Lérida, donde se encuentra, manifiesta que no tiene problemas con nadie. Trabaja en la lavandería, limpia el piso y estudia graduado escolar, aunque sin ir a clase porque su ocupación no le deja tiempo. Apreciamos que su comportamiento con los funcionarios

que le llevan y le retiran del despacho donde se produce la entrevista es igualmente exquisito. Chamba tiene habilidades sociales. Mira a los ojos al hablar, aunque no demasiado, y cuando uno de nosotros —Vicente Garrido— se queda con él en el pasillo en espera de que venga el funcionario que ha de devolverle a su celda, es capaz de entrar en una conversación casual del todo apropiada. Sin duda este hombre sabe comportarse en el contexto de una institución como la cárcel».

Más adelante, sin embargo, algunos periódicos refirieron ciertos problemas allí: al parecer los internos habían visto un programa de televisión donde se describían al detalle los crímenes cometidos por Chamba tanto en Ecuador como en España y le habrían amenazado. Como consecuencia, el asesino fue ubicado en un sector de aislamiento durante un tiempo. Una vez condenado, fue trasladado a la cárcel Quatre Camins, en Barcelona. Ferrán Grau narra en su libro *L'hivern del coiot* que las distintas fuentes penitenciarias que consultó describen a Chamba como un recluso modelo, educado y colaborador, y que al parecer es un preso respetado por todos o casi todos sus compañeros de encarcelamiento.

Surge en esta instancia una cuestión central: ¿qué sucederá cuando el «Monstruo de Machala» cumpla con su sentencia? Como explica el mismo Grau, según el Código Penal español, no hay cadena perpetua, sino un máximo de años para permanecer en prisión, hecho que depende en parte de los crímenes por los que el recluso haya sido condenado:

«El Código Penal limita a dos décadas el tiempo en prisión, aunque existe la posibilidad de ampliar este plazo a los 25 o 30 años si los delitos cometidos son de especial gravedad. Sin embargo, ni la Audiencia de Lérida primero, ni el Supremo después, aplicaron a la sentencia el artículo 76 del mismo Código Penal que permite la ampliación del confinamiento hasta las tres décadas (...). Finalmente, la condena queda fijada al cuarto de siglo. Ni más ni menos».

Por distintas comunicaciones que envió el Servicio Penitenciario y el excelente comportamiento que Chamba ha tenido, hay quienes creen que en algún momento tendría (o ya tiene) permisos especiales, como salidas puntuales o la posibilidad de trabajar fuera del penal. Al margen de la veracidad de esta suposición, Gilberto Chamba Jaramillo saldrá de la cárcel en 2029, después de cumplir los 25 años de prisión. ¿Qué sucederá entonces?

En una nota que dio al periódico *El País*, Vicente Bascuñana, padre de Isabel, dijo que su herida está aún abierta y que no volverá a cerrar nunca. «En ese parking fue donde la bestia cogió a mi hija y nos desgració la vida a todos». Ante la idea de Chamba caminando con tranquilidad por la calle no puede menos que preocuparse: «No tengo miedo de nada, solo a que a otro le pase lo que a mí; estas leyes que tenemos no nos las merecemos», declaró.

Muchos coinciden con él en su apreciación, entre ellos varios especialistas. El presidente de la Sociedad Española de Investigación de Perfiles Criminológicos, Juan Francisco Alcaraz, por ejemplo, dijo que «volverá a reincidir, la única solución es que no pueda salir nunca de prisión. (...) son los que denominamos "camaleones" capaces de pasar inadvertidos entre la sociedad». Sergi Mesalles, que conoce el caso de cerca, afirmó: «No es que lo crea yo. Es una certeza porque ya se ha demostrado. Lo hizo en su país y, cuando estuvo aquí en Lérida, lo repitió con Isabel y lo intentó con otra joven y una prostituta. Es un depredador sexual".

Vicente Garrido, por su parte, también es de una opinión parecida. Al describir a los psicópatas, explica que:

«Su característica esencial es que el sujeto tiene en todo momento una completa conciencia de lo que hace, y sus actos, con mayor o menor premeditación, buscan satisfacer los deseos y propósitos del individuo. Están en él ausentes la empatía hacia las víctimas o el sentimiento de culpabilidad, y a través de la manipulación y los engaños consigue muchas veces un trato desprevenido o de favor de las personas —víctimas, gente en general e incluso profesionales de las instituciones con las que se relaciona—».

Y así es Gilberto Chamba Jaramillo. Un hombre que sabe adaptarse a las circunstancias, que puede ser amable y bien educado, pero que lleva dentro una pulsión asesina. Esta puede quedar en el terreno de las fantasías durante largo tiempo, pero tarde o temprano vuelve a surgir como acción en la realidad.

Las ocho muertes que dejó en Ecuador le califican como un asesino en serie. Con eso bastaría para tener grandes reparos a la hora de verle en libertad. Pero, si a esto sumamos el hecho de que pasó por la cárcel, logró rehacer su vida, tenía estabilidad y una familia que le acompañaba y así y todo volvió a matar, las posibilidades de que se comporte como un ciudadano modelo son cada vez menores. Por eso Garrido expresa: «No creo que podamos decir: "No, ningún asesino en serie se rehabilita". Otra cuestión es que nosotros como sociedad nos planteemos si podemos o no correr ese riesgo».

Mientras se discute si Chamba debería salir o no en libertad, los leridanos que allá por 2004 eran jóvenes recuerdan el caso casi como una marca generacional. Lo mismo sucede, sin duda, en Ecuador, donde ocho familias y toda una ciudad todavía lloran a las muchachas asesinadas hace años. El rastro de Gilberto Chamba atravesó dos continentes y dejó huellas dolorosas por donde pasó. ¿Seguirá caminando y esparciendo espanto?

PERFIL CRIMINAL

Nacimiento: Macará, provincia de Loja, Ecuador,
5 de octubre de 1961.

Infancia y juventud: cuarto hijo en una familia de ocho hermanos. Pasó sus primeros años sin grandes problemas, aunque con una situación económica ajustada.

Perfil: asesino en serie calificado como un psicópata integrado.

Crímenes: nueve víctimas fatales, ocho en Ecuador y una en España.

Tipo de víctimas: mujeres jóvenes, que se encontraban solas, indefensas o en alguna situación de vulnerabilidad.

Modus operandi: generalmente, levantaba a sus víctimas en su auto y las mataba por ahorcamiento en un lugar aislado, al tiempo que las atacaba sexualmente.

Condena: 45 años de prisión, de los que cumplirá 25. Se encuentra recluido en la prisión de *Quatre Camins*, en Barcelona, España.

Bibliografía

Garrido, Vicente. *La mente criminal. La ciencia contra los asesinos en serie*. Booket, 2013.

Garrido, Vicente. *Perfiles Criminales*. Ariel, 2015.

Grau, Ferran. *L'hivern del coiot*. Al revés, 2020.

Pérez Abellán, Francisco. *Crimen y criminales. Claves para entender el terrible mundo del crimen*, Volumen I. Ediciones Nowtilus, 2010.

Salazar Fortea, Sandra y Garrido Genovés, Vicente. *Asesinos múltiples en España: un estudio a través de las sentencias*. En *Revista de Derecho Penal y Criminología*, 3.ª Época, nº 18. Universidad Nacional de Educación a Distancia, 2017.

TÍTULOS DE LA COLECCIÓN

ALEXANDER PICHUSHKIN
EL ASESINO DEL AJEDREZ

***

PEDRO ALONSO LÓPEZ
EL MONSTRUO DE LOS ANDES

***

HAROLD SHIPMAN
EL DOCTOR MUERTE

***

ARQUÍMEDES PUCCIO
EL SINIESTRO LÍDER DEL CLAN

***

GILBERTO CHAMBA
EL MONSTRUO DE MACHALA

***

MARY BELL
LA NIÑA ASESINA

***

DONATO BILANCIA
EL ASESINO DEL TREN

***

JACK EL DESTRIPADOR
EL TERROR DE WHITECHAPEL

***

MANUEL DELGADO VILLEGAS
EL ARROPIERO: UN PSICÓPATA NECRÓFILO

***

JEAN-CLAUDE ROMAND
EL PARRICIDA MITÓMANO

www.ingramcontent.com/pod-product-compliance
Lightning Source LLC
Chambersburg PA
CBHW060439090426
42733CB00011B/2334